lifestyle | 时尚生活

Jedes Kind Kann
Regeln lernen

[德]安妮特·卡斯特－察恩◎著　陈素幸◎译

（0—8岁适用）

每个孩子都能
学好规矩

中信出版社

CHINA CITIC PRESS

目录

CONTENTS

第三章　设定界限的计划 / 77

作者的话

衷心感谢哈特穆特·莫根罗特医学博士（Dr.med.Hartmut Morgenroth）以其专业能力及学术知识陪伴与支持本书的诞生。第一章所提到的研究是我们共同规划并在他的儿科诊所里进行的。身为儿科医生的他每天都为许多父母和孩子看诊，为他们平常所碰到的诸多问题提供咨询。只有通过与莫根罗特医师的合作才有可能知道大部分家长真正感兴趣的是哪些问题，才有可能检验出，真正对家长和孩子有帮助的是哪些诀窍和技巧。

安妮特·卡斯特－察恩

推荐序（一）

诊所的候诊室因为爆发流行性感冒而人满为患。我很高兴四岁妮娜的预防检查并没有持续太久。正当我想结束问诊时，妮娜妈妈说："啊，医生，还有件事。妮娜好难照顾。她的行为常常很离谱。我该怎么办才好？"

以前我可能会在心里叹口气，想道："怎么非得挑现在呢！挂号处那里可是大排长龙啊。我该花点时间告诉她关于"暂停"的方法吗？这样其他所有正在等待的家长和孩子就得再多忍耐十分钟。或者请她去找教育咨询机构算了？可是我知道家长得等上半年，才轮得到接受咨询呀。"

当这本书送到我面前时，我真的松了一口气。现在我大可放心地说："针对您的问题请您读一读这一章或那一章。对您一定有帮助。"书里许多实用的建议我都会介绍给家长，他们发现使用后很有成效。

哈特穆特·莫根罗特医学博士

推荐序（二）

好父母的智慧

将近10年在育儿杂志的工作经历常令我感慨：孩子的问题从来都"不简单"。"不简单"不仅仅是因为吃喝拉撒睡的每一件小事都足以将父母折磨得心力交瘁——同为妈妈，我自己在这方面有过切身的体会。"不简单"还因为几乎每个小问题的背后往往都埋藏着丰富的"宝藏"：

我的孩子吃得太少了！为什么觉得少？因为隔壁的孩子吃得更多。为什么他要吃得跟隔壁的孩子一样多？因为我担心他不长个儿。他不长吗？长。那你还担心什么？我……我觉得他吃得少是因为我不会做吃的，我担心我不是个好妈妈。

……

是的，每个看似简单的生活习惯、睡眠或者营养问题的背后，往往也藏着教育问题、理解问题、行为问题，也包括父母自己的需求和心理问题。所以一个优秀的儿科医生往往也是经验丰富的儿童心理学家，而一个聪明的儿童心理学家往往也能洞悉妈妈内心的"秘密"。

这就是我喜欢这套丛书的原因。面对被提问过无数次，也被各种育儿书解答过无数次的睡眠、饮食、行为及教育问题，它提供的不仅仅是"怎么办"，还有"为什么"和"怎么做对你更适合"。它不仅仅分享养育知识，更帮助父母们搭建起一座充满爱和智慧的通往孩子内心的桥梁。

当你终于迎来一个甜美安宁的夜晚，当你们家的餐桌终于不再是战场，当愤怒和失望被爱接纳，当争执被理解消弭于无形，你学会的并不仅仅是如何教会孩子正确的行为，还有如何听孩子内心的声音，以及如何尊重自己作为父母的需要。而体会到这一点，你也就具备了"如何做个好父母"的智慧。

《父母世界》（*Parents*）杂志主编　钟煜

台湾人气妈妈博主试用心得：
怎么教小孩学规矩？这本书告诉你！

★Ashley的分享：

　　"不以规矩，不成方圆。"为人父母者，对于孩子总有许多爱与期许，但如何在适度的自由下，不偏不倚地执行育儿原则？亲子如何同步，让孩子顺势认同，并遵循这套原则？《每个孩子都能学好规矩》这本书，以丰富的实物举例论证，着实就是一本育儿实况的教战手则，读来豁然开朗，让人拍案大叹"岂止心有戚戚焉"！

★水瓶面面的分享：

　　一直很喜欢19世纪初德国幼儿园创始者弗勒贝尔所说："教育是爱与典范，别无其他。"然而《每个孩子都能学好规矩》让我知道，虽然"爱与典范"绝对必要，但光有这些还不够。父母还需要适当的"工具"，才能帮孩子建立规矩。

　　这本书是写给家中有零到十岁孩子的父母亲，说明如何运用适当有效的教育方案，协助孩子学好规矩。如果你为孩子难搞的行为大伤脑筋，也希望每一天不是在混乱与争权中度过，那么这本书所提供的建议，会有很大的助益。

★彭菊仙Chu-Chu妈咪的分享:

"我带一个孩子都快没命了,你带三个男孩,怎么还有时间搞那么多教养花招?还写了一本书啊?"

现在就将镜头连线到寒舍吧:小猪们各自进入"自治区",伏案疾书,我可不想当盯梢站,手脑都空出来,做点好玩的事,为孩子迷上的"三国演义"搜寻资料,并为他们设计的"关刀"准备材料;吃完饭,小猪们自动收拾,并清洗自己的餐盘,我则安心变身为"安亲班"老师,专心检查作业……

如今我能谈笑用兵,可是经过一段坚持到底、说到做到的"阵痛期",就和这本书说的一样。才会吸奶的宝宝就有能力记住爸妈的反应,推论出自己接下来的行为模式,可见"规矩"不论好坏,皆从"父母的反应"习得。

其实咱家还有很多让我束手无策的"禁播"画面:小猪们乱发脾气、乱丢东西、颐指气使、激怒妈咪……我已经开始实行本书的"三阶段"计划,和孩子约定合情、合理的家规,不是由情绪主导的严厉处罚,更非随心所欲的随性规定,让孩子清楚自己的行为会连接到"必然的后果",我坚定不移、没有例外,三只小猪的确愈来愈懂分寸!我大力推荐父母读此书,唯有"有原则的父母/守规矩的孩子"形成自动化的良性循环,才可能产出"轻松自在的父母/灵活创意的孩子"的全赢局面!

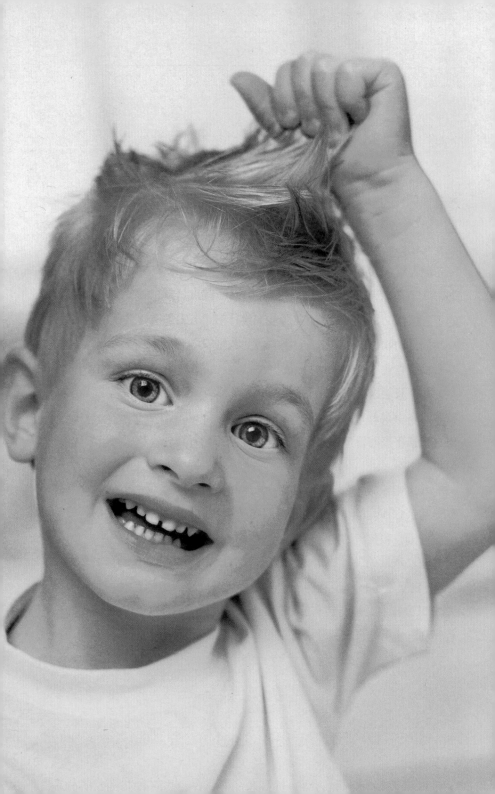

第一章

每个小孩都需要规范

本章你将读到：

—— 为什么典范与爱是绝对需要，但还不够？

—— 为什么连尽心尽力的父母都常觉得孩子"难搞"？

—— 不同年龄的孩子，能够学会哪些规矩？

—— 父母与孩子之间经常出现哪些问题？

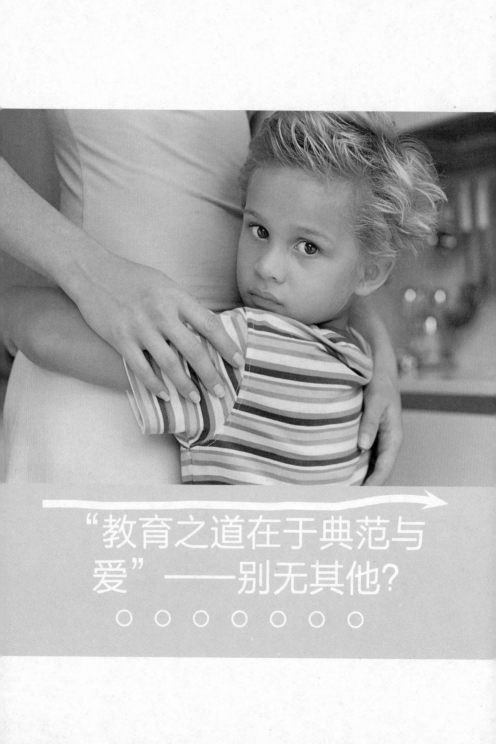

"教育之道在于典范与爱"——别无其他?

■父母需要"工具"

派迪克两岁半。他是个机灵的小男生，圆润的脸庞像小天使一般。虽然如此，他在幼儿园里却是个"捣蛋分子"。

每当派迪克靠近别的孩子时，在场的妈妈都会紧张起来，警觉地盯着自己的小宝宝。可是同样的事又发生了：这小子迅速地一拳打来，跟他年纪一样小的"受害者"哭得令人心碎。派迪克偶尔也会咬人，有时候力道大到两星期后还看得见咬的痕迹。他常常从别的孩子手中抢走玩具，拿来乱丢或是弄坏。当然派迪克也会很平静地自己玩或和其他孩子玩。这种时候根本不像平常张牙舞爪的他。

而他妈妈呢？生下派迪克让她如愿以偿。她简直把他宠上了天。在已有两个较大的女儿后，她好不容易才生下这个她期盼已久的儿子。她为他付出时间、关怀与爱。她从来没有在派迪克面前打过或咬过别的孩子，也从未从他手里抢过玩具来弄坏。尽管如此，派迪克却无师自通，而且一再重复做这些事。为什么呢？

"教育之道在于典范与爱——别无其他"，此语出自弗里德里希·弗勒贝尔（Friedrich Fröbel，1782~1852），19世纪初德国幼儿园运动的创始者。但这句话似乎并不符合派迪克和他妈妈的情况。

尽管如此，这仍是一句发人深省的话。我坚信，爱是父母所能给予孩子的最重要的东西。第二重要的是，尽量时常做个好榜样给孩子看。我们可以把我们的教育工作建立在这两根基柱上。这句话换做是我可能会写成："没有爱与典范的教育一无是处。"没有这个基础，就算是亲子教育专家都帮不上忙。

的确，有的小孩似乎完全只需要父母的爱与好榜样就足以发展出理性的、负责任的、值得人疼爱与快乐的个性。这样的小孩很早就通过认知来学习，他们接受设限，从不起来反抗，自愿承担义务——简而言之，他们很少令父母担心。我自己只认识少数几个以这种方式长大的孩子。大部分的孩子，我自己的三个孩子也包括在内，都不符合这种情形。爱与典范是绝对必要的，但光有这些还不够！为人父母者还额外需要一种工具，在需要时能动用的工具。

父母如何阻止孩子去做那些不该做的事，又如何促使他们去做他们不想做的事（我指的是那些"讨厌的"本分之事），这些是身为父母的我们认为很重要和必要的。当好话说尽都无济于事时，我们该怎么办？

孩子越来越难搞？

越来越常听到和读到："孩子越来越难搞"或"现在的孩子很难教"这类的话。总归一句"从前样样都比较好"。

没错，当我们自己还是小孩的时候跟今天的小孩是不一样的。但是我们以前是比较好的小孩吗？我们的父母有很多事情的做法都跟我们不同——但他们以前真的是比较好的父母吗？

我们正尝试不要重蹈我们自己父母的覆辙。我们想要以不打骂、不严惩、不威胁恐吓、以坦率的态度来讨论性教育……我们想以这样的方式来教育我们的小孩。大部分做父母的也都办到了。因害怕受罚所以服从——这个观念在三十年前还被普遍接受，到了今天又是如何呢？

今天的我们赋予孩子更多发展自己个性的权利，致力于开发他们的才能，给他们更丰富的刺激，这全都胜过我们自己孩提时的经历。

从前没有样样比较好

我们当中谁小的时候有自己的房间？谁可以在众多运动项目或乐器中挑选？谁可以享有自由坦然的性教育？谁学会了落落大方地走向大人并提出令人不愉快的问题？

> 为人父母的我们今天可以为许多进步感到骄傲，更可以为我们的孩子感到骄傲。

我们的孩子运气不错，而且也不比过去任何一代的孩子差。每个时代的父母跟孩子之间都有问题。许多今天需要药物或心理治疗的大人，到现在都还在承受当年封闭的教育所造成的痛苦后果。

尽心尽力的父母

教育变得比较公开。很多父母比较会自我批评，不再羞于向儿科医生或心理学家谈论他们的问题。他们想获得充分的信息并胜任为人父母的任务，所以他们去听相关的演讲，阅读有关儿童教育的书籍，会在幼儿园或在家里与其他家长碰面并交换经验。

很多受过良好教育的妈妈中断其职业生涯，将心思完全放在孩子的教育培养及家务上。她们将来很难甚至完全不可能再进入职场，但她们也都默默接受。另一些继续上班的妈妈又必须把家务、小孩和工作协调好，她们平衡这些不同任务的能力令有些优秀的职业经理人都相形见绌。

以前的时代从来没有像今天有这么多的单亲妈妈。她们的表现令人佩服，而且还经常是在经济困难的条件下办到的。

她们投注这么多的心力，却仍会遇到那么多的问题，其实是因为人们经常只关注不成功的那部分。这样看起来父母似乎是失败了。

失落感特别大的是那些辞掉工作，完全奉献给家庭和孩子的年轻妈妈。"你整天又没别的事做，这样还连孩子都带不好！"这种指责是许多全职妈妈必须面对的。而这些责备的话，不管有没有说出口，经常是来自自己的另一半，因为他在下班后或周末时想要拥有自己安静的休息时间。

不过很多妈妈也给自己很大的压力："我绝对要把所有的事都做对！"这些妈妈很容易陷入困境：会为了自己和孩子所犯的诸多错误和问题生气，但一直都很顺利或很正常进行的事她们却没有注意到。

态度不确定就会让步

当父母自己态度不确定时，会影响他们对待孩子的方式。而担心自己可能会犯错的影响就是：当父母不确定自己要什么，又不敢作出果断坚定的处置时，孩子会突然"大权在握"。因为不管孩子是六个月、三岁或十岁大，都能感受到父母态度不够确定。这时，他们可以完全随心所欲地按自己的意思来。

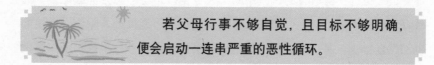

> 若父母行事不够自觉，且目标不够明确，便会启动一连串严重的恶性循环。

如果父母只是暗自想着："希望他马上停止尖叫"或"孩子要什么，我就做什么——重点是，不要再闹了"，这样会发生什么事呢？

这种情况下，孩子的要求会越来越多，而父母反而变得越来越弱势而且越来越让步。到最后，不是爸妈而是孩子来决定一天的进程，父母的需求被搁置。如此让步绝对不会带来平静与和谐，只会持续引起新的冲突。

有时候父母只把一个范围内的主导权留给孩子。上床睡觉的权力之争就是个典型的例子。可是很多情况下，好比穿衣服、吃饭、打扫整理，或是手足之间的相处，都会为了一点小事而弄得紧张不安又"鸡飞狗跳"。"我的小孩想做什么就做什么"或"我想做什么就做，反正我的小孩根本不听话"——这些都是我们在门诊里经常从神经紧绷的父母口中听到的话。有时孩子的这类稀松平常的问题会发展出乖张的行为，最后甚至在幼儿园和学校里也造成困扰。

碰到这些问题的父母对孩子的发展不是漠不关心。他们知道对孩子需要设限，孩子不会"自动"长大。这些家长都非常尽心又关心，但有时就是束手无策："我真的已经尽力了，我还能怎么做？"

你也心有戚戚焉吗？那么这本书正是为你而写的。

难搞的小孩：八个月到十岁之间的孩子实例

保罗的父母到诊所来接受咨询时，保罗八个月大。"他是个很费神的小孩，"妈妈叹气道，"他让我们筋疲力尽。刚生下他时我们多高兴啊！可是从他呱呱落地的第一天起，每天都号啕大哭数小时。我们整天都抱着他走来走去。

"幸好夜里他会睡一下。我们了解到婴儿在三个月内常发生肠绞痛，保罗的哭闹也可能是因为如此。但三个月后情况并没有改善，正好相反：保罗哭闹得更厉害。他甚至住院接受了为期一周的彻底检查，医生并没有发现任何异常。保罗的要求越来越多。现在连我抱着他的时候也哭。每隔几分钟就要我变个新把戏哄他。当我打算洗碗时，都快腾出半个厨房给他，就这样过了十五分钟后我连个杯子都还没洗干净。甚至上厕所都得带着他去。他连一分钟都不肯自己玩。我该怎么办？"

事情发展到这一地步的原因何在？你会如何建议保罗妈妈呢？读下面的例子时你也可以尝试自己回答这两个问题。

当奥力佛的妈妈来电要约个咨询日期时，她在电话中哭了起来。她的两岁的儿子刚被幼儿园"开除"。园长认为，奥力佛攻击性太强，幼儿园承受不起。"有时候连我都怕他，"她说，"他真的很坏。他会咬我、踢我。有一次甚至拿录音机砸我。只要有事不顺他的意，他就拼命大吼大叫。我再也受不了了。"

卡劳拉三岁半。她不好好吃饭，所以基本上都是被喂的。她会随意呕吐而且经常这么做。她常常嘴里含着早餐，一嚼就是半小时，都不吞下去。白天大部分的时间都在争辩和讨论有关"吃饭"的事情。

米莉安刚满六岁，不久前多了一个小弟弟。米莉安一直以来都很难带，可是现在妈妈觉得米莉安"简直无法忍受了"。

"她每天早上都拖拖拉拉。不肯穿衣服，早餐吃上老半天。米莉安每星期有两到三天都不去幼儿园，因为根本来不及准备好。她完全拒绝收拾整理任何东西。在冗长的争辩后，通常都是我来做。她也不让弟弟安静休息。当我抱着弟弟时，她甚至会用力拉他，直到我把弟弟给她为止。此外她每晚都要争闹两小时，才终于肯上床睡觉。"

薇琪八岁大，是个比较害羞沉默的小女孩。两周来她不肯上学。每天早上出门前她要上十次厕所。薇琪每天早上都说她肚子痛，并且试着说服妈妈准许她待在家里。她已经得逞了三次。

所有这些问题是如何发生的？你会如何建议这些父母呢？在后续的章节里你会读到我对这些问题的答案。

重点整理

....➤ 没有爱与典范的教育是不可能的。

不过有时候仅有爱、典范与苦口婆心是不够的。这时候父母需要适当的、能够动用的"工具"。

....➤ 我们的孩子没有变得"比较难搞"。

比起从前的父母,现在很多父母比较容易自我批判,态度也比较不确定。他们知道孩子需要设限。他们想更清楚地知道如何设定有效的合理界限。

....➤ 我们的孩子在挑战我们。

从八个月到十岁之间的"难搞"孩子的实例可以看出许多父母日复一日所必须应对的挑战,并促使我们思考这方面的问题。

我的孩子应该学会
哪些规矩?

▌每个年龄都有合理的规矩

父母眼中的"问题小孩"是：号啕大哭数小时的小宝宝，会咬人和打人的幼儿，吃饭习惯不好的小孩，叫人受不了的幼儿园小孩，会肚子痛的小学生……所有父母都一致认为："我们想象中的小孩不是这样的！"

你可曾思考过，对自己孩子的发展到底有什么想法？父母的愿望与孩子实际学到的规矩有时候相差很远。任何年龄的孩子，从小宝宝到学龄儿童都有这种情形。

一岁前的婴儿

"我的宝宝长得非常漂亮而且总是心情很好。小宝宝几乎整天都在睡觉，晚上也是，如果不是在睡觉的话，他也可以自己玩。他很爱笑，饮食正常，也很健康。学说话和其他每一件事都学得比同年龄的孩子快一点。因为他到任何地方都适应得很快，所以我能带着他到处走。偶尔把他托给奶奶或保姆也都没问题。我的宝宝很讨人喜欢。他很喜欢跟我依偎在一起而且很享受身体的亲密感。"

我们谁不曾梦想过有这么一个漂亮的小宝宝？广告业将我们的梦想巧妙地转换成杂志里的图片和电视广告里的画面。于是我们看见了我们的愿望，而且会想："没错，就该如此！"事实上所有梦想成真的父母真的可以说自己很幸福。没有任何问题的漂亮宝宝跟幸福的父母虽然有不少，而且每位儿科医生在做预防检查时也会认识一大堆这样的宝宝和父母，但是睡得很少、不会自己玩、笑得少、哭得多、喝奶习惯很差而且经常生病、患有过敏症或者慢性病、比别人晚学会走路和讲话、不喜欢跟别人相依偎而且一换地方就闹脾气的宝宝也有很多。大部分的宝宝是介于这两个极端之间。

你绝对有权在怀孕期间以及刚分娩完的头几个星期里梦想有个完美的宝宝。比较明智的做法是做好准备接受和想象大不相同的现实吧。有位年轻的妈妈告诉我：

"我在怀孕期间满心期待小宝宝诞生。我算准会生个男孩，也把一切想象得非常美妙。但是结果完全不一样。我生了一个女儿，她很难带，老是哭，很少心满意足，整天都要我注意她。几周后我都快精神崩溃了。我没料到会这样，我真的彻底失望！"

每个孩子都不同

在受精的那一刻，很多事都已大致确定下来：性别、身高、体格和外表，会遗传到哪些疾病倾向，睡眠需求和胃口，性情和学习能力，这些都是你无法左右的。除了遗传的天赋与体质外，一些有利的环境因素多少也会共同影响孩子的发育。但是孩子刚开始哭得多或哭得少、喝奶习惯好或不好、睡得多或少、时常生病或健康却远远不受你影响。

所以我们也不能这样问问题："一岁以前的孩子应该而且可以学好哪些规矩？"而是应该问："我的孩子应该而且可以学好哪些规矩？"最重要的是，孩子出生后是什么样子，你就该接受他的样子——即使他很"难搞"，或得了慢性病或是残障。思考出适合每个发育年龄的教育目标，而且是孩子能够达到的合理的目标，是项艰难又重大的任务，这项任务，没有人能代替你。

或许你很惊讶，孩子在婴儿时期就已经能够学习规矩，或者更适当的说法是"关联性"。新生儿不知道什么是对或错，什么令人喜爱或令人不快，但是小宝宝已经有能力记住父母对他的行为所产生的反应，他能从中推论并决定自己接下来的行为。他的方法还很有限，尽管如此却非常有效：一个灿烂的微笑能化解父母任何怒气，激烈的哭泣则会让我们担心、同情、愤怒或无助。我们几乎总是迫切希望宝宝能尽快停止哭泣。

我们从孩子的角度为你综合整理出一系列想象得到的"规矩"，是宝宝在第一年里应该可以学好的，特别是从第六个月起，这些规矩会决定他的世界观。这些都是随机挑选出来的几项范例，请你自行判断如何做比较适当。

做法一：孩子认为"我要什么就有什么"

* "当我哭闹时，要有人陪。"
* "只有被抱着到处走，我才会入睡。"
* "想要吃东西时，不管白天和夜里随时都有东西吃。"
* "当我拒绝用汤匙时，每次都可以喝到母乳。"
* "当我在婴儿车里哭闹时，最迟五分钟要把我抱起来。"

你的孩子学到的是这一类或类似的关联性吗？如果是的话，那么他学到的规矩就是："我要什么就有什么。爸爸妈妈没有自己的需求。"

做法二：孩子认为 "我的需求完全不重要"

* "不管我饿不饿，都得把整瓶牛奶喝完。"
* "虽然我总是只能睡十小时，但每晚必须躺在床上十二小时。"
* "每次吃完饭就立刻被放在一旁，没人理我。"

你的孩子在这里学到的和上面列举的规矩完全相反："爸爸妈妈想怎样做就怎样做。我自己的需求不会受到重视。"

怎样做最有效
值得推荐的适用于婴儿的规矩

前面提到的两种规矩都有明显的缺点。但还有第三种做法：

* "妈妈决定何时给我吃，以及吃什么，我可以决定是否要吃以及要吃多少。"
* "当我吃饱、心满意足又心情很好时，妈妈特别爱跟我玩而且玩得很尽兴。"
* "当我哭闹时，会得到所有我需要的一切。但如果我继续哭闹，爸妈就不再来注意我。"
* "爸妈一天当中会好好陪我玩好几回。但是当他们自己有重要的事要做时，我得自己玩一下，即使我不喜欢。"
* "家里几乎所有东西都准许我去探索，但有几样东西我绝对不准碰。"

你的孩子学到的是这类的关联性吗？如果是，那么他同时也学到:"从爸妈那儿我可以得到我所需要的一切,但不是要什么就有什么。爸妈会注意我的需求,不过有时候他们就是比较清楚什么对我有好处。"

两岁和三岁的幼儿

孩子已经过完第一个生日。对未来两年你有何期待?

"孩子一岁会走路,开始会讲话。三岁时话讲得很完整,当然也会一觉到天亮。之前早就已经顺利地从哺乳转换到吃固体食物。很喜欢跟其他小孩玩,乐意分享他的玩具,但有需要时也能坚持自己的想法。在幼儿园里总是热烈参与,对弟弟妹妹特别好。听话,从来不乱跑,不会黏我,只靠近允许他靠近的东西,总是心情好又健康。两岁大就不用包尿布。会自己吃饭,最喜欢吃健康食物,比如吃蔬菜和水果。喜欢在自己房里玩。可以自己玩上好几个钟头。在游戏区会兴奋地到处嬉闹玩耍。很勇敢,但从不做危险的事。看起来总是干净又整洁。"

梦想与实际

你认识这类"完美"的小孩吗?我认识的一些妈妈会说:"一定要这样。如果一切不是这样的话,我就是个失败的妈妈。"但是孩子晚一点学会走路和讲话,三岁还在用尿布,不爱吃健康食物,在幼儿园里不喜欢集体活动,而且想把弟弟妹妹送去医院,这样的小孩也很正常呀!

在这段紧凑的发育期里,每个孩子都以自己的速度扩展视野。他学会走路,而且会跑远。学会讲话,不过"不"这个字也属于其中之一。会搭积木，然后撞倒。学会跟其他孩子接触，如果不是通过讲话，就是用摸、揉或咬。会吃所有的食物，而且会拿起食物来乱扔。会拥抱妈妈，或者踢她。这个年纪的孩子无法理解什么是好、什么是坏，但是他能反复记住父母一再重复出现的反应，并且从中得出结论。至于是哪些结论，则根据他所认识的规矩而定。对两岁和三岁的儿童而言，可能有这些规矩：

做法一：孩子认为"我来做决定！"

　　＊"从别的小孩手里抢来的东西我可以留下来。"

　　＊"如果我不吃这种食物的话，妈妈会煮别的东西给我吃。"

　　＊"如果我坐在地上哭闹的话，就能立刻实现我的愿望。"

　　＊"我记得什么时候该上厕所。如果我拒绝去，妈妈会帮我清理干净并为我包上新的尿布。"

　　所有这些规矩都是出自同样的条件："我要什么就有什么。别人怎么样不重要。"

做法二：孩子认为"爸爸妈妈严格地全权决定一切"

　　＊"如果我抢走别的小孩的东西，会被打屁股。"

　　＊"必须坐在马桶上，直到上完厕所为止。"

　　＊"如果不吃午餐，会被强迫喂食。"

　　＊"如果生气坐在地上耍赖，会被骂和被打。"

　　这里跟前面提到的规矩相反，只有父母有权决定一切，他们不体谅

17

孩子的感受。若是孩子必须轮流面对这两种规矩，他就会被搞糊涂。

?　怎样做最有效
值得推荐的适用于幼儿的规矩

家长可以选择第三种做法来取代前面提到的规矩。孩子会学习到自我负责的态度：

*"如果我从别的孩子手中抢走东西，妈妈会从我这儿把东西拿走并且还给他。"

*"如果我不吃午餐，就得等到下一餐。"

*"如果我坐在地上哭闹，妈妈立刻走出房间。"

*"我现在不再包尿布了，即使我常常尿裤子。"

如果你带孩子去参加爬行班，那里或许还有这类规矩：

*"玩游戏时，我可以选择要不要和其他小朋友一起玩。"

*"共享早餐时大家都坐在桌边。吃完时，可以站起来，但是不准手里拿着食物乱跑。"

四到六岁的上幼儿园的孩童

大多数的小孩在三岁之后就会上幼儿园。这是一段新生活的开始。你对到了这个年龄的孩子，怀着哪些幻想和愿望呢？

"我的小孩现在讲话口齿清晰。他能自己吃饭和穿衣服。从上幼儿园的第一天起就很兴奋地去上学，接他放学时，他也很高兴。他高兴地接受幼儿园提供的所有课程，无论是画画、手工，还是唱歌、做游戏。能很快地交到朋友，自己时常跟他们相约。不太爱看电视，比较爱看绘本故事书，在房里玩有创意的积木或拼图。玩完会接着自动整理房间。四岁大时会游泳和骑脚踏车。会读和写自己的名字。最慢五岁时至少表现出一种特殊天分（例如跳芭蕾舞、打网球或弹钢琴），可以从现在开始加以培养。几乎不再哭泣和发牢骚。父母与老师的要求，都能毫无异议地遵从。同时心情总是保持愉快和稳定。"

接受孩子原来的样子

你的孩子是这样吗？或者正好相反？三岁还口齿不清，还必须喂他吃饭、帮他穿衣？不喜欢上幼儿园吗？很害怕跟你分开吗？不肯上那些有趣的课，因为他宁愿在外面嬉闹？要费好大的力气才能让他离开电视机吗？你是否觉得他不够灵活，拒绝下水或骑脚踏车？他觉得"好的"玩具无聊透顶，反而偏好某些你根本不喜欢的彩色塑料玩偶？每次一上体操课或其他体育课就哭？是否常常哭，而且对你的要求常常回答"不要"？

若这一切全都符合你的小孩：那么或许一切跟你原来的想象有点出

入。但是这样的小孩也完全正常。你必须先接受他原本的样子。虽是如此，你并非毫无影响力，因为孩子依然继续从你这里学习规矩。下列规矩中有哪些你觉得似曾相识？

做法一：孩子认为"我说了算"

　　*"如果早上我不肯穿衣服，妈妈会帮我穿。"
　　*"如果早上我拖拖拉拉或胡闹，就不必去幼儿园。"
　　*"如果我拒绝收拾，妈妈会做。"

　　这样孩子学到的是如何实现他的要求，不必顾虑他人。但另一种极端也是有可能的——

做法二：孩子认为"根本没有我说话的份儿"

　　*"如果我不自己穿衣服或者拖拖拉拉，就会被臭骂一顿或被严厉地惩罚。"

　　孩子觉得自己任凭父母摆布。有些父母会在这两种极端之间摇摆不定。可以想见，这会对孩子造成什么样的影响，肯定不会有好的影响。

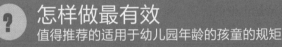

？ 怎样做最有效
值得推荐的适用于幼儿园年龄的孩童的规矩

又有第三种做法来取代不太有帮助的"规矩"：

* "即使我衣服还没穿好，妈妈还是准时送我去幼儿园。"
* "如果我哭闹得令妈妈很烦，她就走出去。"
* "我的玩具必须自己整理。"

孩子在幼儿园里还会额外学到其他类似的规矩：

* "所有孩子都乖乖上厕所大小便。"
* "吃完早餐把自己的盘子收走并且洗干净。"
* "所有孩子一起整理，整理好以后才去外面玩。"

孩子只有在家里和在幼儿园里都彻底遵守这些规矩，才会牢记这些规矩。

七岁以上的小学生

"生活的严酷从上学的第一天开始"——很多孩子都很怕这句话。但父母也同样容易陷入压力当中，孩子的成绩和成就被看得越来越重要。你想象中的"完美"小学生是什么样子呢？

"当然是引颈期盼第一个上学日的到来。好学不倦，充满学习动力，而且课业绝对不会超出他的能力。他一下子就能读、能写、能计算，完全自动自发地在最短的时间内写完功课，这样才能把休闲时间完全拿来从事有创意的活动或是运动……"

可能性与局限

你可以梦想孩子是个"理想"的小学生，但是不能按照你的梦想来塑造或教育他。以阅读来说，不是每个孩子都能毫不费力就学会的。学游泳、安静坐好等也一样，有些孩子要非常努力才办得到，而当他最后办到时，就是个了不起的成就。每个孩子都有他的强项，重要的是如何发掘和培养。但每个孩子也都有他的局限，这一点你必须接受。

> 当要求过度偏离孩子的能力时，压力已经在前面等着你和孩子了。

也许你思考的是完全不一样的东西：诸如诚实、勇气、忠诚、谦虚、友善、公平、礼貌等等，这些品德价值对你而言非常重要。你想在小学阶段进一步培养孩子这些品德。你是否注意到，现在的儿童教育早已不再流行谈论这些目标？功成名就、向前迈进、贯彻个人意志、为自己的利益钻法律条文的漏洞——这类"价值"是目前比较受欢迎的。

有对美国夫妇琳达与理查德·艾尔（Linda & Richard Eyre）出版过一本英文著作。书名大约译为："如何教导孩子价值"（*Teaching Your Children Values*）。这两位作者从丰富的养育孩子的经验中汲取创作的养分，因为他们有九个小孩。这本书里总共提到十二种价值。除了上面提及的之外，另外还有个性平和、敏感、尊重与爱。他们建议家长每个月针对一种价值"质问"孩子并且一起经由练习而熟稔这些美德。书中有很多具体诀窍，配合角色扮演或大家一起做游戏练习，更有帮助。这些建议蕴涵了他们对孩子深切的爱以及丰富的养育经验。

我多么希望多一些家长能好好思考这类的价值，并以身作则地为孩子树立榜样。这方面特别需要你来做模范。但是否真能通过一种学习程序而熟稔这类价值，我则持怀疑的态度。

现在又有一个问题要问你：你认为哪些规矩是合理的？

做法一："我赢了"

*"如果早上我拖延得够久的话，爸爸就会开车送我上学。"

*"如果写功课时装得够笨的话，妈妈每天都会坐在我旁边两个小时，陪我做功课。"

*"如果在家不准我看电视的话，我就一直哭闹到妈妈准许我看为止。"

这样的规矩是：即使孩子行为不当，他还是"赢了"。如此一来，他学到的是如何随时实现自己的意愿，但并没有学到为自己的行为负责。

做法二："我输了"

*"如果我早上拖拖拉拉，晚上就不准看电视。"

*"如果功课出现一个错误，妈妈会把全部擦掉而我必须整页重写。"

＊"如果妈妈逮到我偷看电视，我会被臭骂一顿而且被罚禁止出门。"

这样的规矩全部来自父母专断的决定，与孩子的行为没有关联，因此他根本看不出处罚的意义何在。孩子没有受到尊重，他觉得自己是个失败者。

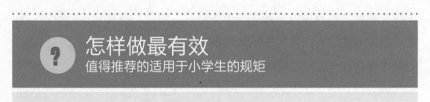

怎样做最有效
值得推荐的适用于小学生的规矩

比前面提到的规矩更合理的是下列的规矩：

＊"如果我早上拖拖拉拉，上学就会迟到。"

＊"妈妈协助我做功课。当我开始胡闹时，她就走出房间。"

＊"当某些电视节目不适合我看时，爸妈就会关掉电视。"

孩子在小学阶段也会在学校里学会许多其他的规矩。这里举几个例子：

＊"准时到校。"

＊"按照规定完成功课。"

＊"上课时要坐在自己的位子上。"

＊"发言要举手。"

合作有益

有些孩子在家里没有学会遵守合理的规矩，上了幼儿园和小学就会面临困难。当他们不遵守规矩，不考虑他人而只做自己感兴趣的事时，会很容易受到排挤。但是在幼儿园、小学，以及儿童和青少年团体里，规矩不仅要被清楚说明，同时更要被贯彻执行，否则孩子学到的就是："规矩只适用于其他那些笨蛋。但不是我。"孩子越大，为人父母的我们就更加需要与其他团体和机构合作。

▌选择哪些规矩？

前面几页的说明中，你能辨认出你教给孩子的是哪一种规矩吗？

如果总是顺孩子的意，如孩子所愿的话，他就认识不到什么叫做规矩。他很容易变得自私又肆无忌惮，既不尊重父母，也不尊重别人以及他们的需求。

然而若父母从根本上压抑孩子的意志，也毫不考虑孩子的需求，那么孩子很难发展出自信，也学不会自立。

第三种规矩则是一种合理的选择。那都是公平的规矩，既将我们对孩子的要求考虑在内，但绝对不可能完全违背孩子的意志。这些规矩是要求孩子尊重父母与其他人，是让亲子以正面积极的态度共同相处。这些规矩不会随父母心情好坏而摇摆不定，而是固定、可靠又预料得到的：

孩子之前就知道，如果他不遵守规矩的话会有什么后果。而且这些规矩考虑到孩子年龄与发展状况，可以提升孩子的能力，却又不至于苛求他。这些规矩为孩子设定合理的界限，却不会限制他个性的发展。这样的规矩需要经过充分考虑和设想。

让什么来指引我们？

有些家长并没有好好想过他们的家庭要有什么家规。他们直接从过往的记忆中，回想自己的父母是如何做的，撷取一些自己有过不错经验的规矩。有些家长会告诉自己："绝对不要像我爸爸那么严厉"或者"绝对不要像我妈妈那么吹毛求疵"——并且尝试相反的做法。又有一些家长正好重复了自己父母的行为模式，然而那些行为模式曾经让他们自己从前的日子很难过。例如我们常看到，小时候常挨打的男孩，长大后易于变成打小孩的爸爸。

想想自己的童年是有好处的，而且要好好思考："过去的经验会对我对待自己的小孩造成哪些后果？我的行为是出于自觉且目标明确，还是我受到过去的影响？"

有时做父母者很难走出过去的阴影，这时与伴侣或好友谈谈会有帮助。情况严重时建议寻求专业的协助。有些人尝试从专业书籍和育儿指南里汲取"正确之道"，但他们都注意到一件事：虽然有很多专家和很多意见，但只有少数经得起考验，因此我们要花点心思来甄别。

有一点是肯定的：确定明确的规矩和界限是你无法回避的责任。孩子越小越难明白什么长期下来对他是有好处的。这必须由你决定、由你负责。下面这个故事显示了父母有自信、有把握是多么重要的事：

托马斯今年十二岁，凯丝婷十岁，他们彼此相处得很好。普遍存在于一般兄弟姐妹之间的竞争与争吵很少发生在他们身上。他们其他的行为也都很讨人喜欢。他们自愿且乐意分担工作，既友善又肯合作。两人都不会胆小退缩，而是快乐又点子多多。"他们是自然而然变成这样的。"这位令人羡慕的妈妈告诉我。我接着向她提出一个问题："你是怎么做到的？"

结果我了解到，托马斯和凯丝婷从小就得忍受痛苦的折磨。特别是托马斯在六岁之前患有严重的过敏性皮炎。每晚睡觉都抓痒抓到早上起床时，床单上血迹斑斑。凯丝婷很快也出现相同的症状。妈妈绝望至极。她试过所有方法，看过各种医生，请教其他的病人，设法买到相关书籍来阅读。她花了很长的时间，通过耐心的尝试才终于找到真正能帮助她孩子的方法：她仔细揣摩出一套严格的饮食计划，不管是在幼儿园，还是孩子过生日，总是贯彻执行到底，后来终于有了改善。托马斯和凯丝婷是极有纪律的小孩。

这位妈妈下了一个结论："这两个孩子注意到：'爸爸妈妈尽一切力量帮助我们。他们最清楚什么对我们有好处，是我们可以信赖的。'可能是这个经历使他们在后来更容易接受我们的规范和界限。我自己也从中学习到一些东西：只要我非常肯定什么对孩子有好处，那么界限的设定自然会顺利成功。"

自信让父母更强、更有说服力

但如何做到这一点呢？有一点是大部分家长都很确定的：必须保护

27

孩子远离危险。没有人会允许两岁的孩子跑到街上、玩插座或是把小东西放进嘴里——不管孩子多激烈且不断地抗议这类禁令。同样，几乎所有我认识的家长都贯彻执行：开车时孩子要系上安全带，而且要一直系着。你也做到让孩子系上安全带了吗？你又是怎么办到的？这不就证明了你拥有你所需要用来划定界限的能力。只要关系到保护孩子的安危，你一定不会摇摆不定，因为你清楚知道，什么是对的。

大部分家长也都一致认为，不准孩子伤害别人或者粗野地辱骂别人。偷窃、说谎以及破坏他人物品也同样不能容忍。这一点大家普遍都意见一致，即使在贯彻执行时经常碰到困难。

更困难的是，要制订出严格的有关于睡眠时间、用餐礼仪、吃甜点、看电视、帮忙做家务、准时回家、完成功课、谦恭有礼、乐于助人等等事情的规矩和界限。我们可以而且应该要求孩子做到什么呢？

我的印象是：很多父母会忽视自己的需求。至少很多妈妈都是如此。在列出你的规矩时，可曾注意你自己的睡眠够不够？全家共餐是否带给你乐趣？每个人都帮忙做符合他年纪的家务，而不是把所有家务都推给你吗？你也有要求休息的权利吗？"我不过是在尽我的义务而已！"这句叹息我已经从多少妈妈口中听到。当你定下的规矩，保护你自己的需求时，那并不是自私，正好相反：只有这样，孩子才能学会体恤和尊重他人的感受。

大约十年前，尊重其他大人还是很正常的事。但这样的情况已经改变。今天为人师表者被一个七岁的孩子骂"你这个笨蛋，给我滚！"已经不是什么稀奇的事。很多家长震惊于自己还相当年幼的孩子对他们说话时的语调。

我们大人现在必须花一番力气才能得到尊重。"彼此讲话要客气"——这条规矩应该列为首要才是。这里特别需要我们以身作则，但光这样还不够。我们应该强力要求孩子待人接物必须有恰当的语气，正如要求坐车要系安全带一样。

有很多家长对孩子的要求太少，但也有很多家长又让孩子承担太多责任，把孩子根本做不来的决定都留给他们。不久前有位幼儿园老师告诉我，某一天她班上有三个孩子患了重感冒而且发烧，但还是都来上学。园方通知他们的妈妈说，必须来接孩子回家。三位妈妈都提出相同的解释："我知道我的小孩生病了，但是他好想去上学，我能怎么办？"

如果你把这样的决定留给孩子，这已经超出孩子的能力。他想要有安全感，想要受到保护，他需要有人给他安全感，需要那种"爸爸妈妈知道什么对我好"的感觉。如果把太多规矩都留给孩子自己决定的话，他会很自负，而你也无法从孩子那儿获得尊重。"只要小孩喜欢，不胡闹就好，这是我们家的铁律！"——如果你家里是这样的话，那么现在正是你承担起责任并将大权握在自己手里的时候了。

要避免哪些问题？

家长应该具备什么本领，才能让孩子既感到安全受保护，又不会感到受限制？我们并不想无条件地顺从孩子，而是想教导他们合理的规矩，以避免问题反复出现，而且也让亲子之间的相处轻松一点。我们想给孩子正面的引导，如果知道是哪些问题常常让孩子和我们之间的相处变得困难沉重的话，便知道该从何出发，而这一点是很重要的。

为了找到这个问题的答案，我与儿科医生莫根罗特医师一同设计了一份问卷，给带孩子（包括从四个月到六岁的六个年龄组别）到诊所接受第四次到第九次预防检查的家长填写。总共有16种问题行为，按照年龄分组，供家长选择。问卷调查的结果无法代表全部的家长，不过从320份问卷的评估结果得出一些有趣的趋势：

＊从四个月到四岁的所有年龄组别中，有一个问题一直名列第一："我的小孩要人不间断地陪伴。"有20%~25%的家长认为这是个问题。这问题在六岁小孩，亦即学龄儿童那一组却不重要。

下列问题也同样时常被提到：

＊"我的小孩不听话，他爱做什么就做什么。"（一岁到六岁的年龄组别。）

＊"我的小孩每星期要闹好几次别扭。"（这在一岁时还不是问题行为，在两岁至四岁之间的组别却排名第一。）

＊"我的小孩有睡眠问题。"（尤其常发生在孩子七个月到两岁之间。）

其他常见的问题

我们前面提到的问卷调查也揭露了其他有趣的结果：

＊**尿床**：约有20%的四岁儿童，以及超过10%的六岁儿童夜里还会尿床，不过这些儿童的家长中只有少数觉得这是个问题。关于这一点，儿科诊所的解释说明很重要：父母知道这个问题通常跟孩子的体质有关，随着时间会自动"逐渐消失"。

？ 怎样做最有效
每个孩子应该尽早学会的规矩

如果你和孩子想避免前面提到的经常发生的问题，那么孩子应该尽早学会下列规矩：

＊"偶尔必须自己玩。"

＊"闹别扭不会带来任何好处。"

＊"如果一件事很重要的话，必须照爸爸妈妈说的去做。"

＊"不需父母协助，就能入睡。"（关于这个主题我们另有一本谈论入睡和一觉到天亮的书《每个孩子都能好好睡觉》，内有详细的资料，也提到一些建议和解决办法。）

＊**分离焦虑**："孩子一跟我分开就哭。"有1/4的一岁孩子，以及1/6的两岁孩子会有这种问题。较大的孩子很少发生。显然这个问题需要靠冷静和耐性来解决：分离焦虑在很多孩子身上都属于正常的发展，大多会自动消失。

＊**害怕某些动物或状况**：两岁到四岁的孩子当中有1/6有这个问题。到六岁时会变得非常普遍：这个年龄的孩子中有1/3会这样。可以想见，这个年龄层的小孩对某些情况感到害怕属于正常的发育。

＊**吃饭**：所有家长中只有4%的家长认为他们的孩子吃得太多。两岁到六岁的孩子当中有20%的家长认为他们的孩子偏食。此外很多家长都深信自己的孩子吃得太少。虽然这个问题在孩子的婴儿时

31

期几乎不曾提到，但四岁到六岁的孩子当中有5%遭遇到这个问题。然而，儿科医生的印象却与此相反：在接受预防检查的那段时间内，从医生的角度来看，没有任何一个孩子是因为营养摄取不足和体重过轻以致危害到健康而出现问题的。

每个小孩自己最清楚他必须吃多少或喝多少。如果他吃得很少，可能有两种原因：要么他健康又活泼，所以不需要吃更多；要么他生病了，所以吃不下，在这种情况下，必须找出病因加以治疗。"我的孩子吃得太少"这个问题几乎总是深植在父母的脑海里。关于这一主题有个实际的案例（第三章卡劳拉的故事）供你参考。在我们《每个孩子都能好好吃饭》这本书里也可以找到更详尽的数据。

*从门诊中我还知道一些在我们的问卷里不常提到，但仍然非常重要的其他问题：手足之间的争吵和嫉妒、攻击性行为，多动、游戏时耐性与专注力不足。当孩子上学以后，情况会变得更复杂：在座位上坐好、专心、遵守老师的指示、顺利地开始和完成分配的工作、与同学和睦相处、认真地完成作业——所有这一切会要求孩子在短时间内做到。但不是所有孩子都办得到。

正视问题

每个问题（只要父母觉得那是问题）即便很少发生，父母都应该严肃看待。因为本书是尽量为大多数父母而写，所以在挑选要讨论的规矩时，是以经常发生的问题为准。书里的指示与诀窍也可以应用在其他的问题上。另外《每个孩子都能克服危机》这本书也能提供具体的协助。

重点整理

····▶ 愿望与现实经常相差得很远。

很多父母对孩子的期望很高，使得他们对孩子的发展很失望。先接受自己孩子原本的样子是比较明智的做法。

····▶ 孩子从婴儿时期开始学习规矩。

小宝宝就已经能记住父母的反应，并从中推论出自己该有的行为。不管是小宝宝、幼儿、幼儿园儿童或是小学生，孩子会从与父母日复一日的相处经验中学习规矩。从上幼儿园的年龄开始，外界的影响会变得越来越重要。

····▶ 父母替孩子挑选规矩。

你可以从自己的经验或专业指南丛书里找到指引。如果父母清楚知道哪些规矩对他们而言真的很重要以及哪些问题是他们想要避免的，那么这会对父母挑选规矩很有帮助。

····▶ 孩子六岁之前父母经常抱怨……

孩子不停地要人陪、不听话、每星期都要闹好几次别扭或者有睡眠问题，在某些年龄段，孩子恐惧、饮食失调和夜里尿床也是重要的问题。

第二章

所有的父母都会犯错

本章你将读到：

—▶ 为什么没有争论的教育是不可能的?

—▶ 孩子基于哪些充分的理由，做出异常的行为?

—▶ 孩子为了争取注意会导致他们严重反抗?

—▶ 如何避免孩子为了争取注意而反抗?

—▶ 父母喜欢做出哪些反应，但却无效?

—▶ 为什么父母带有敌意的反应会造成严重的后果?

每天闹……争取注意
〇 〇 〇 〇 〇 〇 〇

▌孩子为什么要反抗？

　　教育孩子的过程中，没有冲突与争论是不可能的。理由很简单：教育有时候意味着把带给孩子乐趣的事情结束掉。看电视、吃零食、打水仗、在外面玩耍、喧闹——身为父母的你总是那个"破坏乐趣的人"，到了某个时候就会说："够了。现在马上停止，不准继续。"这么做还真不讨人喜欢。完全可以理解孩子会抗议、咒骂或者心情变得很差，而且还会尝试把他的坏情绪发泄在"乐趣破坏者"身上。教育也意味着：督促孩子去做绝对不会带来乐趣的事情——整理、刷牙、上床睡觉、做功课。这些事很多小孩都不会自动去做。又可以想见，他们会抗议、咒骂、情绪恶劣并且把怒气发泄在要求他们做这些无聊的事的人身上。想象一下，孩子对每个要求的回答是"好的，妈妈"，然后立刻去做你要他做的事。你不觉得这样很奇怪吗？大部分的孩子天生就不是温驯的小绵羊。

　　他们更像整天在游戏式的打斗里互相较量的小狮子。

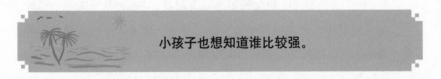

小孩子也想知道谁比较强。

　　他们想知道他们有多少权力与影响力，能在谁的身上以及用什么方式实现他们的意愿。他们比小狮子要麻烦一点的是：他们通常不会和同年龄的兄弟姐妹一块儿长大。很多孩子根本没有兄弟姐妹，他们需要父母作为练习反抗的对象。

这种乐于反抗的天性是人类与所有哺乳动物的共同点，行为生物学上的专业概念叫做"攻击性社会探索"：孩子会探索他们的影响力在他们的社会领域里能到达多远，能在谁的身上发挥什么效应。

譬如小宝宝会反复把汤匙从高脚椅往地上丢，而每当妈妈再把它捡起来时，他都很高兴，像这种不带恶意的游戏就属于此类。不过尝试做出攻击性的行为也属于此类：揍人、咬人、坐在地上耍赖尖叫。孩子试着做出这类行为是完全正常的。而家长的任务是，当孩子太过分而且妨碍到别人时，或者当孩子想要实现其意愿时正好不是玩乐的时间，而是必须履行义务的时候，就必须给孩子设定界限。

从这些认知得出三点重要的结论：

*如果父母中只有一人老是扮演吃力不讨好的"乐趣破坏者"，会使家里的气氛不好。这个工作经常落在妈妈身上，爸爸负责的是比较愉快的休闲活动。比较明智的做法是，父母两人共同分担这两件事：有时陪伴孩子玩，但也要求他们履行义务。

*亲子之间的争论是无法完全避免的。当孩子无法实现他们的愿望时，他们必须抗争。但父母不必随之起舞，不必把孩子的每个挑衅、每句辱骂和每次违抗都牵扯到自己身上。你可以保持安静和冷静，因为你可以这样想：孩子不是针对个人，他只是正好又在测试他能违抗到什么程度。有谁比你更适合作为测试对象的呢？

*不是所有孩子都着迷于反抗和较量。从出生后的几个月起就有显著的差异。有的孩子就像小"斗士"，一有事不如这些小"斗士"的意，他们就会非常激动。一丁点儿小事（例如没有立刻吃到零食）就能

引发激烈的反应：他们会持续不断地嘶吼、坐在地上要赖、以头撞地。斗士的意念越强，就越激烈、越坚决地尝试达到目的。对这类孩子的父母而言，养育是一项特殊的挑战。退让代表："终于安静了！"但是也代表：给孩子充分的理由，继续这种异常的行为。

异常行为的循环不息

当你给孩子设定界限时，可以想见孩子会对此不满。他想要实现他的意愿并且为此抗争。你当然会认为他抗争的方式是一种不当的行为：他跑开、哭闹、赖在地上、打人、不待在他的床上。这些行为为何一再发生呢？孩子真的只是喜欢争辩吗？这一点值得我们再仔细想想：究竟发生什么事导致孩子做出异常行为？我如何回应？我给了他下一次要循规蹈矩的理由了吗？或者他有充分的理由，下回有机会时再度让人气到抓狂？孩子几乎总有理由继续做出异常的行为，这是父母造成的，但父母的本意并非如此。

父母也是人。有时他们的反应正好达到反效果，奖励了孩子的不当行为，所以孩子没有理由改变。在这时候孩子几乎抱着这个基本愿望："我要人家注意我！我要被重视！我要成为焦点！"

我们再看一次第一章里那些"难搞小孩"的行为。先看要人不断陪伴的小宝宝保罗。保罗为什么常常大吼大叫，虽然他得到的关爱那么多？反过来问：为什么他应该停止大吼大叫？他每天经历的是，吼叫是值得的：因为每隔几分钟就能让妈妈为他想点儿新点子来玩。他何必自己找点事来做呢？又怎么会想到，自己就能决定不再继续吼叫呢？反正妈妈每次都会来安慰他呀。

你还记得那个"幼儿班里的捣乱分子"派迪克吗？如果他又打别的小孩或者抢人家的玩具，会发生什么事？他妈妈会迅速地走近他，告诉他不准这么做以及为什么不准这么做，接下来的十五分钟内她会特别积极地陪着他，好"转移他的注意力"。这样一来派迪克不但没有任何损失，反而得到妈妈更多关注。他为什么应该改变他的行为呢？

吃饭习惯很差的卡劳拉的经验是：如果我吃饭胡闹，会得到更多的关注。这样我就能延长和控制每次的用餐时间。

上幼儿园的米莉安借着拖延战术让自己获准留在家里。

薇琪借着肚子痛来逃避上学。

所有这些小孩都有一个共同点：他们不当又令人不悦的行为是值得的，他们会因此得到更多关注。至于选择做出哪些不当行为则没有太大差别。每个小孩都有其个人特质。每位爸爸妈妈也都有其特别脆弱的一面。孩子常能清楚感受到，哪一种行为最能让妈妈或爸爸感到不安。父母越是焦虑不安，孩子就越"占上风"。孩子还另外学到："我不只要得到关注，我甚至要贯彻我的意志！我要比父母强！我来决定这里该怎么做！"

孩子真的常常很有影响力，但这对他并没有好处。他觉得自己很强，因为在权力斗争时，在与别人较量时，甚至是跟大人较量时，他常常是胜利者，但这却跟真正的自信无关。孩子没有在自己内心找到平静。他觉得不被接受。他必须不断证明给自己和其他人看，他"比较强"。他必须每天想出新花样来争取注意，因为他确信："反正不会有人自愿陪我。如果我的行为引起注意的话，立刻会有人来照顾我。如果我行为正常又平静，就什么事都不会发生。"

　　不断向孩子解释为什么他不该做这个或那个，一再骂他，一再讨价还价，最后一再让步的父母会渐渐恼火起来，总有一天会神经衰弱，与孩子相处变得动辄得咎。当真有一段时间相安无事时，父母甚至非常担心下一次的争吵。有些父母就算特别尽心尽力，把很多时间留给孩子，也可能在不知不觉中违背其本意，陷入孩子"争取注意"的循环里。孩子不可能靠自己的力量从这循环中解脱，只有父母能够开始从任何一个点退出这个循环。

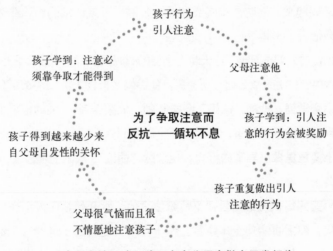

一个巴掌拍不响：孩子有充分理由做出异常行为

真实案例

　　经由上面所描述的循环方式，孩子种种"难搞"行为会被保留下来，而父母也会通过各种不同的方式注意孩子：令人惊讶的是，除了安慰、一起玩耍和抱在怀里，孩子也会把负面的关注，像是辱骂、警告甚至殴打，感受为让自己成了"注目的焦点"。孩子的意思好像是："如果我已经得不到关爱，那么至少要得到排斥。"下面的例子就说明"争取注意"如何循环。各箭头对应着前面图表内的箭头。都从孩子的异常行为开始。

→小蛮"胡闹"。五岁大的他想要引人注意的行为是，每天晚上上床睡觉时都要"闹"上一小时。不只要听一个故事，而是要听很多个，听完总是又爬起来，要吃点或喝点东西，每隔一天就要求妈妈躺在旁边陪他，因为他会"害怕"。

→小蛮的妈妈注意他。每天晚上小蛮的妈妈至少讲三个故事给儿子听。小蛮通常要求讲更多故事而且还会哭。他妈妈多半会让步，继续讲故事。

→小蛮学到：他的"胡闹"会被奖励。他感受到："哭的话至少还可以再捞到一个或两个故事。看看我还可以得到什么。"

→小蛮重复做出异常的行为。他继续"胡闹"、从床上爬起来、喊叫、哭泣、要求。

→小蛮妈妈很气恼而且很不情愿注意他。刚开始她还很平静，给他吃给他喝，然后再送他上床睡觉。终于有一天她失去了耐性，开始大吼说："现在该结束了吧！每天晚上都这样闹！你真叫人受不了！"有几次她因为不知道该如何是好而抓住小蛮，用力摇晃他，有一回她狠狠地揍了他一顿。当她最后让步，躺在小蛮身边时，是一肚子怒气而且很不耐烦地等小蛮睡着。

→小蛮得到越来越少自发性的关怀。他妈妈一想到晚上他总要胡闹就很担心。讲故事根本没有带给她乐趣，因为她知道：小蛮永远听不够。

她的关怀不是发自内心，不是自愿对儿子付出过量的关注，而只是因为他强迫她而已。当小蛮偶尔破例一次听一个故事就心满意足，听完乖乖躺在床上时，他妈妈会非常高兴，终于有自己休息的时间。她会避免再踏进他的房间。

→**小蛮学到：注意必须争取才能得到。**他看出妈妈晚上不愿与他分享她的时间。他想："看来她不怎么喜欢我，但是我要她陪我！我已经知道最好的办法是什么。如果晚上闹一闹，就可以让她单独陪我整整一小时！"从这里再接着继续循环：

→**小蛮重复他异常的行为。**第二天他又胡闹……

在幼儿园争取注意

这样的循环不只发生在家里及父母身上，在幼儿园或学校也同样会发生。孩子甚至经常从这一个循环陷入下一个循环，因而强化了下面这种观念："我可以而且必须强迫所有大人来照顾我。"

这次来自幼儿园的一个故事，可以说明上一页的循环过程。

妮娜四岁。她和妈妈的关系非常亲密。不过妮娜妈妈有时会觉得带妮娜很费力，因为这个小孩在跟妈妈分开时经常泪眼婆娑且伤心欲绝。

妮娜很受其他孩子喜爱，因为她很有人缘而且是个点子王。有时候她会在外面跟朋友玩上一整天。也喜欢邀请玩伴来家里玩，但若没有亲爱的妈妈陪伴，她从来不去别人家玩。

上幼儿园的第一年刚开始，一如预期，妮娜很难跟妈妈分开，之后就很顺利。但自从暑假过完，第二年要开始时，妮娜突然出现很奇怪的行为。她在家里就已经哭得肝肠寸断："我真的一定得去幼儿园吗？"

多数情况下，妮娜都由爸爸送去幼儿园，好让分离的痛苦不至于那么严重。到了幼儿园以后，"胡闹"继续上演。

→**妮娜哭泣。** 她不跟别人一起玩，而是坐在角落里，自顾自地低声啜泣，听了令人鼻子发酸，借此引起注意。若问她为何伤心，她说："我也不知道为什么这么伤心。"

→**幼儿园老师注意她。** 总会有人在某个时候可怜妮娜，把她抱在怀里，安慰她，找她一起玩个游戏。老师关心之后，妮娜停止哭泣，然后可以平静地自己玩好一会儿。

→**妮娜学到：** 引人注意的行为会被奖励。她想："老师并没有陪任何人像陪我一样玩得那么久。我的眼泪似乎让她印象深刻。"

→**妮娜重复她异常的行为。** 幼儿园里所有25位小朋友一起吃早餐。要等到大家都吃完，才可以再开始玩。妮娜讨厌无聊地坐在那里等候。她发现如何能缩短这等待的时间：吃早餐时她又开始哭，光安慰没有用。于是妮娜常常获准第一个起身，到角落自己玩。不过她多半会继续哭。

→**老师觉得很气恼而且越来越不情愿注意她。** 当老师不知道该拿妮娜怎么办时，就把她送到园长办公室去。园长很忙，她想要妮娜赶快安静下来，不要吵她，所以常常给妮娜吃糖果（妮娜在家里只有星期六才有糖果吃），而且让她在办公室里玩了起来，她起初还轻声啜泣着呢。等妮娜平静以后，再送回班上去。

→**妮娜从老师处只得到少许自发性的关怀。** 若妮娜刚好不哭，老师会很高兴。她只有哭才能得到注意。因为妮娜的特殊行为，她跟其他孩子少有接触。渐渐地朋友也不再靠近她。妮娜于是得到一个结论："别的小孩都不喜欢我。"

→妮娜学到：**"注意必须靠争取才能得到！"** 她当然看出老师渐渐对她长时间的哭泣失去耐性。但她也知道必须怎么做才能得到特殊"待遇"，包括糖果，还有避开那无聊的团体早餐：那就是一定要哭得又久又令人同情才行。可惜的是，妮娜在争取注意的同时，也错过了与其他孩子一同玩耍的乐趣！

→**妮娜重复她异常的行为。**第二天她又哭了…

▌对抗争权的有效方法

你是否已经察觉到，你与你的孩子也陷在类似的循环里？或者你很想避免陷进去？有几个有效的应对方法。

＊想办法让孩子从他异常的、不当的行为里得不到任何好处。

＊倾听孩子的心声并注意他的需求。

＊送出"我……"的信息，亦即传达出身为父母的"我"，有何感受与想法。

＊让孩子为他的行为承担更多责任。

＊借由固定的仪式来简化你们共同的生活。

＊主动多注意孩子，让孩子不必靠争取才能得到你的关注。

接下来，分别说明这些应对方式的做法。

不鼓励不当行为

从许多例子看出，孩子会有很多充分的理由"胡闹"。身为父母的我们，时常通过我们的反应鼓励了这些其实非常困扰我们的行为。我们到底做错了什么，如何能有更恰当的处理方式，这些问题将在第三章详细讨论。

倾听孩子的心声

倾听——听起来很容易，其实很难。小宝宝虽然还不会讲话，但是我们还是能倾听他们的心声：我们会尝试从他们的哭声中听出信息，看看孩子到底要传达什么给我们，是肚子饿、口渴、痛、生气或无聊？需要仔细地观察和练习，才能正确解读信息。

即使孩子学会讲话，我们也无法一直都听得懂他说的话。可是当我们大人装傻而且又听不懂孩子的"两字箴言"时，他会发脾气。我们可以猜，并且问他是这个还是那个。无论如何都能让他知道：我们很认真对待他而且注意听他讲话。

孩子经常不愿意说出他的感受和需求。父母必须像解读小宝宝似的，辛苦解读出孩子心里到底想要做什么。美国心理学家托马斯·戈登（Thomas Gorden）早在1970年就已针对这个主题提出建议，他使用"主动倾听"这个概念，并呼吁家长："请不断问问自己：孩子所说的话背后到底隐藏哪些需求和感受？"把你所听出来的信息告诉孩子，借此可以帮助他更了解自己的感受并自己寻求解决之道。

下面是八岁的汤姆和他妈妈进行的一段谈话，你可以进一步了解何谓"主动倾听"。

汤姆："巴斯提真是很烦。他什么都要决定。不然就根本不跟我玩。"

妈妈："我看，你真的为巴斯提的行为感到生气。"

汤姆："气？我恨死他了。我要跟他绝交。"

妈妈："孩子，你是真的生气。你真的再也不想见到他，是吗？"

汤姆："没错，再也不想。可是那我跟谁玩呢？"

妈妈："完全没有朋友也不好……"

汤姆："没错。可是我没办法和他言归于好！如果他再这么烦的话！"

妈妈："怒火中烧时是很难和好的。"

汤姆："真奇怪，平常都是我做主。然后他都跟着做。现在他却要做主。"

妈妈："他不再接受你的指挥了。"

汤姆："他突然不再是个小宝宝了。不过现在有时候跟他玩也有趣得多。"

妈妈："其实你比较喜欢这样。"

汤姆："是啊，可是到目前为止一直都是我带头的啊！我已经习惯了。如果偶尔也让他做主的话，我们会处得比较好吗？"

妈妈："你是说，你们轮流做决定，然后就不会这么容易吵架？"

汤姆："是啊，也许是吧。我来试试看吧。"

设身处地的倾听能让一场为争取注意的反抗变得多余。它帮助孩子找到自己的办法，自己负起责任。

有时候倾听会变成一段"翻译"。举个例子：你到幼儿园接孩子放学。他一脸不悦地迎向你说道："笨妈妈，你不该来接我的。"他心里到底在想什么？你真以为孩子认为你很"笨"吗？他大概只是很失望，偏偏现在要被接走，因为他正好玩到一半。这种情况下你可以对他说："我怎么偏偏现在来接你，你玩得正高兴呀！"

你将孩子的信息翻译出来，他会觉得你了解他，因此你没有给他任何继续与你抗争的理由。不必继续跟孩子讨论，只要坚持他现在得跟着你一起回家。

怎样做最有效
传送"我……"的信息

另有一个出自心理学家托马斯·戈登的有效方法，能反制争取注意的反抗。他提到"我……"信息这个方法。此法的意思是：当小孩行为不当时，可以告诉他我们的感受。孩子会因此觉得受到父母认真的看待，改变他行为的可能性会大过用责骂的方式。表格里有一些关于父母可以传递给孩子的"我……"信息的例子。

冲突	"我……"信息
两岁的孩子在妈妈打电话时哭闹和拉扯妈妈。	"我现在必须先打完电话。这对我很重要！"
五岁的孩子在爸爸正在吸地板时，几度把吸尘器的插头拔掉。	"这样我没办法继续吸地板。我不能跟你玩。我得先完成这件事。"

| 七岁的孩子已经答应好几次要整理他的房间，但是一直没有做到。 | "我现在真的太失望了！不是说好你今天要整理吗？我认为，能够信赖你是非常重要的一件事。" |
| 九岁的孩子比约定晚一小时回到家。 | "你终于到家了，我真的松了一口气！我好担心，真怕你出了什么事！" |

借传达"我……"信息这个方法给孩子一个机会，让他自己看出错误并且独自找到解决之道。而负面的关注请完全弃之不用。孩子会学到为自己的行为负起更多的责任。

"我很同情……"

以"我很同情"开头的句子也同样是很有用的"我……"信息。像"别装出那个样子"或"事情根本没有这么严重"这种话虽然可以让你显得很有威力，但完全没有帮助。

孩子的问题	"我……"信息
孩子跌倒，哭泣。	"我很同情你，跌倒一定很痛！"
孩子哭，因为他不想去幼儿园。	"如果上幼儿园能让你觉得更有趣的话，我会非常高兴。"
孩子哭闹，因为他很无聊。	"我真的很同情你，现在想不出来有什么事好做。"

借这句神奇的"我很同情"让孩子看到你的谅解与同情，不过其中也隐含了一些言外之意："我相信你可以处理这个情形。"但重点是，要真心诚意地说，讽刺或挖苦的语调只会得到反效果。

给孩子更多责任

第一章曾经强调过，孩子迫切需要界限。我们呼吁家长要认清为人父母的责任并决定自己所要设定的界限。那么现在我们又要建议"给孩子更多责任"难道不是矛盾吗？当然不会。两者其实是一体的。

许多孩子似乎认为，被大人管是很正常的。他们对自己的需求和感受反而不太了解。他们真的不知道该如何跟自己相处，如何度过自由的和未经父母规划的时间。孩子必须在这个领域学习自己做决定并且负起责任。

婴儿也能自己解决很多事

想象一下：你的小宝宝吃饱了，你给他换上了干净的尿布。他健康活泼，你们一起愉快地玩了半个小时。之后你把他放在游戏垫上，想要做点家务。宝宝却不喜欢自己一个人玩，于是哭了起来。怎么办？你选择：立刻中断工作，抱起宝宝来安慰他吗？只要宝宝一哭，你就这么做吗？宝宝从这里学到了什么？

他学到："妈妈要为我的感受负责。当我心情不太好时，她要负责改变这个情况。"孩子没有机会为自己的愉快负责。他没有机会学到："只要我想哭，就可以开始哭。但我也可以停止不哭，只要我想到更好的事可做。"你剥夺了他做"哭或不哭"的决定，而且你已经开始陷入"争取注意"的循环里。

我的建议并不是"让宝宝不停地哭闹"。大部分父母在宝宝呱呱落地几周后就能从他的声调听出，什么时候他真正需要安慰和帮助。当他是出于无聊、生气、要脾气或只是要实现他的意愿而哭时，他应该学习偶尔也要让自己安静下来。你可以待在孩子身边，每隔几分钟跟他说说话（还要继续哭吗？还是你现在想玩一玩？），或者把他抱起来一下。就算孩子不再是小婴儿，仍可以继续这么做。请记住：孩子有权心情不好。

你可以要求他偶尔自己玩，但不能要求他喜欢自己玩。当孩子不是真有什么痛苦时，父母如果有能力以镇定和平静的心情容忍孩子哭泣，是非常有帮助的。所有父母和孩子都能从中获益良多。

> 　　　　　　　若孩子能靠自己的力量平静下来，你就有充分的理由再好好地陪他玩。

越来越多有关自己需求的决定孩子都可以自己做，而且自己去承担后果。

举个例子：虽然父母应该替孩子决定何时供应食物给他，应该决定要供应哪些菜肴给他，但除了孩子自己，没有任何人能决定他的食量！只要孩子不想继续吃，就该结束用餐。他很快就会学习找出正确的食量，只要三餐都规律地安排在固定时间。

请相信你的孩子真的能自己决定食量！拿着汤匙跟在孩子后面跑，想把食物灌进孩子嘴里的人，已经陷在"争取注意"的循环里。请记住："孩子吃得太少"这个问题几乎永远是个深藏在父母脑海里的问题。孩子拒绝吃饭时，他经常是借此触动妈妈特别脆弱的一面。孩子清楚感受到，这块领域最适合用来"争取注意"。

幼儿园里和学校里的责任

上幼儿园的儿童的父母经常抱怨孩子早上穿衣服时拖拖拉拉。你知道：幼儿园的大门九点钟就会关上。你的任务实际上是准时送孩子到那里。但是孩子是否把头发梳好，穿戴整齐，而且还有时间从容不迫地吃早餐——这些决定你可以交给他。当他觉得自己有责任时，早上就不再有理由"胡闹"。

小学生最讨厌的是：功课。问题又来了：你家里到底是谁觉得应该负起正确和完整地做完功课的责任，是你还是你的孩子？这责任应该交还给孩子吧。虽然你可以设定他应该何时完成，以及花多少时间来完成。但孩子要把功课做得多整齐、完整、详细和完美则应该让他自己决定。只有这样他才会觉得自己要承担起后果——不论成功或失败。而你自己当然可以随时注意情况，为孩子提供协助、查阅功课，必要时指出错误并和老师保持联络。这样的方式能避免不必要的争权。

无聊的权利

不管孩子几岁，让他负起规划自己闲暇时间的责任！如果你总形影不离地陪伴小宝宝，那么他根本无从认识自己的需求和能力。若你上幼儿园的孩子事情已经多到需要用日程表，那么受限的不只是你自己，孩子自由发展人格的权利也受到限制。

有些妈妈像是"随时待命的出租车女司机"，把孩子从这个才艺班载到下一个才艺班。孩子被规划的时间越多，这个问题就越常出现："妈妈，我该做什么？我好无聊！"

孩子有权无聊，但要设法阻止他用看电视或玩电脑来填补每分钟的空当。孩子必须且能够自己负起他无聊的责任。他得自己决定："我是要四处游荡无所事事，或是想点更好的事来做？"

有时候孩子真的只想无所事事，而父母也应该接受。有时孩子会从无聊中会产生最棒的点子去做有创意的活动、共同的游戏或邻居间即兴相约。

孩子如果能在适合他们的环境中活动是最好的：他们可以在车少的巷弄里自己玩耍，许多孩子也住在这个巷子里，他们可能随时相遇。可惜情况并非经常如此，很多孩子都很少外出玩耍。不过在家里也可以创造出一个孩子可以画画、手工、捏黏土、戏水或喧闹的自由空间。或许因为空间不足孩子不是每天都能这么做，但重点是，在家里也可以偶尔随性做做这类活动，而不是把所有时间都排进固定的才艺课里。孩子自由发挥的机会越多，就越容易回答"我该做什么？"这个问题。你便可以对他说："你自己决定你想做什么。"

责任与信任

赋予孩子更多的责任，是相当大胆的做法。很多家长不安地问："我可以放心孩子不会整天哭闹吗？他真的吃得足够吗？不会每天穿着睡衣到幼儿园吗？不必我催促也会做功课吗？不会整天到处乱晃吗？"

你不相信孩子能够自己做出所有这些决定？你总是认为孩子是最糟糕的那个？如果是，那么这情况大概也真的会出现。孩子会感受到你的不信任，并因此感到气馁。

你的信息必须是："我知道你可以自己决定。我信任你会做出正确的决定。"不管你是否说出口，孩子会感受到这个基本态度。你的信任能大大帮助他做出自己的决定和负起责任。

实施固定的仪式

"你家里有哪件事是不必紧张兮兮也不必大闹一番就能顺利进行的

吗？"再沮丧的父母稍微考虑之后也能列举出几样告诉我。那通常都是一些重复的过程，是一些在家里已经理所当然而不需要再讨论的事，像是上车要系安全带，进家门要脱鞋，饭前洗手，睡前刷牙，向客人问好和道别等等这些小事。你家里有哪些"不成文的规矩"呢？所有家人都必须遵守这些规矩，只有如此一切才能顺利进行：只有身为爸爸的你也坐在马桶上，而不是站在马桶前小便时，才有办法让儿子也跟着这样做。或者"每天早上都有健康早餐"，但如果你自己一边喝咖啡还一边抽烟的话，这就不可能成为仪式。

不是所有的仪式都是好仪式。我们为孩子废除了许多我们还耳熟能详的旧传统：把手肘从桌上移开！鞠躬！吃饭不准讲话！大人讲话的时候，小孩子安静！在很多家庭连挨打都是一种仪式。

仪式促进团结

反过来说，能促进家庭交流与团结的仪式则是好的仪式。非常重要的是一起用餐。只要可能，全家人应该一天至少一次一块儿坐在餐桌边，一起吃饭和聊天！如果每个人只煮自己的一小份餐点，午餐分批用微波炉加热来吃，而晚上每人各自端着自己的饭菜到房间里吃，或坐在电视机前面吃，那么很多交流的机会就会流失掉了。

同样重要的是晚上的仪式：总是在同样的时间发生同样的过程。如果在这仪式的最后总是接着讲共同的故事或做共同的游戏的话，孩子会相信这一天画下了一个美丽的句号，并为此而高兴。

家务中的小责任也能成为仪式。把自己的床铺好，清空洗碗机里的碗盘餐具，摆好餐具准备开饭——很小的孩子就能完成这些工作。最好是每个人都负责固定的、相同的工作。

有位妈妈有三个儿子，分别是六岁、八岁和十岁，她告诉我："我的儿子完全独立负责摆好餐具准备开饭、把碗盘餐具收进洗碗机并且清理出来。我们将餐具排列在他们够得到的地方。每人一周两次在固定的日子负责桌边服务。星期天则轮到爸爸。

"我经常得克制自己，因为如果我自己动手的话，一切会进行得更快。刚开始他们也经常试着逃避。现在已经不会讨价还价了。一切都很顺利。"

有一位一边工作一边养育两个孩子（九岁和十一岁）的单亲爸爸找到以下这个解决办法："我们每周一次全家一起坐下来讨论，做出一张家务表。就像在外合租公寓一样，把谁负责哪些家务写下来。这张表会贴在厨房。只有当大家都遵守约定时，一切才会顺利，否则大家必须一同承担后果。孩子已经有过几次这样的经历。所以现在他们大部分都会遵守。"

如果大家一起来

如果不只自己的家庭，整个社会也都一起来做的话，仪式会特别容易实施。有位瑞典妈妈告诉我一个瑞典的习惯，便是个很好的例子：

"在我们家里，孩子一整个星期都得不到任何糖果。商店或亲戚都不会想到给他们糖果。在超市的收银台边也找不到任何糖果。不过孩子会很高兴星期六的到来，因为那一天有"星期六零食袋"。星期六，而且只有这一天准许吃零食，甚至是满满的一整袋。星期五下午商店里会有包装好的一袋袋零食袋。到了星期天又全部消失，连零食这个话题也一并消失，一直要等到下一个星期六。所以讨论这个话题是多余的。几乎所有瑞典家庭都遵守这个习惯。牙科医生为此雀跃不已：几乎没有孩子有蛀牙！

留时间付出关怀

你越是自愿多多关注孩子，孩子就越不需要争取你的关注。孩子越是难搞，那么当他很乖巧时，你越要注意，而且更重要的是让孩子感受到被你注意。当你家的"旋风小子"例外地专心玩乐高积木时，你可以坐在一边欣赏。当他心情特别好而不是特别坏时，可以把他抱起来，和他依偎在一起。"真高兴有你！"——这个信息对孩子非常重要，而且要在和谐平静的时刻表达出来，才是发自内心。一个小手势、一个亲吻、一个慈爱的眼神或来个即兴的拥抱，常常和一句赞美一样有效。

无论孩子行为如何，留时间付出关怀仍是必要的。这是送给孩子一样珍贵的礼物。

实施一种仪式

在一天当中选定一个最好的时段，对孩子付出一次时间和关怀，不论是只局限在10分钟内或长达一小时，可以依你忙闲状况以及孩子多少而定。比时间的长短更重要的是规律性。所以很多家长都把这段时间归入睡前仪式里。请尽量每天给孩子10、30或60分钟。你知道：仪式只容许少数例外，只有在极少数例外情况下才能破例取消关怀孩子的时间。

让孩子决定

这段时间内完全以孩子的需求和愿望为主。向孩子解释说："现在你是老板：你来决定，我来配合。"孩子可以挑选在这段共同时间里要做些什么：不管是陪他看书、玩耍、说贴心话，或只是看着他玩。哪一本书、哪种游戏、谈些什么，全部由孩子决定。当然看电视和大声喧闹应该从一开始就被摒除在外。

肯定和鼓励孩子

只要有机会就请你这么做。绝对禁止说教、辱骂和挑剔！倾听孩子说话。尽你所能让孩子有美好的感受。

想象一下，有人每天都送你一个礼物：倾听你说话、深入了解你的需求、觉得你的一切都很棒——这不是心灵的灵药吗？规律的和自发性的关怀，可以让孩子觉得不必再为争取注意而反抗，并赢得真正的自信。

还有：如果孩子一天可以当一次"老板"的话，在其他时间会比较容易接受规矩和界限。

重点整理

····▶ 没有冲突的教育是不可能的。

有时父母必须让孩子做一些他们不愿意做的事。孩子尝试反抗是可以理解的。

····▶ 对孩子来说，异常的行为常常是值得的。

孩子经常在他们行为不当时得到更多注目。他们还常能借此实现他们的意愿。因此他们没有理由改变他们的异常行为。

····▶ 争取注意的争斗是循环不息的。

孩子做出异常的行为。你的反应是注意他。于是他学到：他的行为会得到鼓励。因此他又做出异常的行为。而你的反应是越来越气恼。孩子便得不到你自发性的关怀。因而他学到：必须借由异常的行为来争取注意……而他现在也知道该怎么做。

····▶ 让争取注意的反抗变成多余。

不让孩子借不当的行为得到任何好处。倾听他说话，使用"我……"信息，赋予他更多责任，实施仪式，每天规划出一段固定的时间来关怀孩子。

"我们到底做错了什么？"
父母最常犯的错

○ ○ ○ ○ ○ ○ ○ ○

■父母的反应不明确、不肯定

如果前面提到的所有对策你全都派上用场的话，那么这场为争取大人注意的反抗对孩子而言根本就是多余的。尽管如此，他还是可能不愿接受你确定的规矩和界限。很多家长觉得，孩子根本没有认真看待这些规矩和界限。这一点该如何解释呢？

有位四岁的小病人在妈妈陪伴下来到我的门诊，他一下就讲到重点。"不管我妈妈说什么，"他说，"她都不会做，她只是说说而已。可是我的保姆，她可是说真的。"

孩子能清楚感受到大人是否说"真的"。当我们的反应是不明确和不肯定时，孩子就不会尊敬我们。他们连听都不听。令人惊讶的是，父母偏偏特别喜欢做出这类不明确、不肯定的反应，这反而刺激孩子去争取大人的注意。大部分的父母虽然看出他们的方法不怎么有效，却阻止不了他们一再重蹈覆辙，只一相情愿地认为："总有一天孩子会懂的。"如果试过一百次都还不成功，那多叫人灰心呀！

为了能从错误中学习，父母必须先知道并记住哪些行为可能是错误的。因此我想先说明，父母最常犯的错误。请读者注意自己是否也曾这么做过。

为什么孩子不仔细聆听？为什么父母已经竭尽所能，孩子依然继续做出不当的行为？下列几种父母的反应不但无济于事，反而会鼓励孩子继续举止乖张。若你是正常的父母，会觉得其中有几种似曾相识。

责备

许多家长很喜欢责备。他们责备孩子的不当行为："怎么还没整理你的房间！""真是的，怎么又惹妹妹生气了！""你怎么老是待在电视机前面！""怎么整天含着奶嘴到处跑！"

这类责备经常会再补上几句贬低的话，如"你这样真的很坏"、"太离谱了"、"你真叫人受不了"。总结来说，父母的意思就是："你一直还没把我叫你做的事做好"或是"你根本没有仔细听我的话"。

你也曾这样吗？孩子在听完这些责备后，立刻改变他的行为了吗？你只不过对孩子说出他正在做的事，然而这一点通常他自己心知肚明，所以让孩子明白父母不喜欢他的行为可是一点用处也没有。对孩子来说这些责备只是"发牢骚"。他从中得到的结论是："她不喜欢我，所以我必须争取她的注意并且继续这么做。"当责备还另外包含贬抑时，特别会这样。

> **责备永远达不到纠正行为的效果。因此别犹豫，赶快抛弃责备吧！**

问孩子"为什么……"

孩子总是一再地被询问他们不当行为的理由："为什么不整理房间？""为什么一直惹妹妹生气？""为什么一直待在电视机前面？""为

什么咬那个可怜的小男生？""为什么不听我的话？"或总结来说："为什么你不做我叫你做的事？"

这些问题也常加上贬低的话，像是："这真的是最后一次喽"或"你真让人忍无可忍"。

你可曾从孩子口中听见过合理的答案吗？一般的回答会是："不为什么！"或"我不知道"、"因为我想"。这对你有帮助吗？有些甚至会得到像"妈妈你很烦！"这种傲慢的答案，或者孩子根本忽视你的问题。你的问题不可能开启一段有成果的对话，或刺激孩子去思考，你自己也很清楚这一点。我们做父母的根本不期待会得到一个"好的"答案。为什么我们还是一直问"为什么……"？

我相信这样一个"为什么……"问题表达出两样东西：第一是我们生气，第二是我们无助。两者都适合让争取注意的反抗持续下去。孩子因为我们生气而觉得被否定，因为我们无助而觉得他占了上风。就算不问"你为什么这么做"，我们同样可能会问："我该如何处置你？我跟你没完。"要孩子回答我们这种问题不是要求太多了吗？

问"为什么……"是无效的，所以是多余的。

请求和乞求

你偶尔也会恳求孩子改变他的行为吗？"拜托啦，乖一点，把房间整理一下！”“拜托对妹妹好一点。”“请你看在我的分儿上关掉电视好吗？”“你是妈妈的小宝贝呀！拜托现在不要再哭了！”有时候父母沮丧到哭着哀求孩子：“拜托照我的话去做！”

面对客气的请求，孩子毫无反驳的余地。然而面对真正的请求，孩子可以选择接受或不接受。所以若真的要孩子做什么的话，是不太适合用请求的。

你和孩子正好发生冲突，而孩子的行为偏偏让人完全不能接受吗？这样的情况下要看孩子是否认真看待你并且感受到你是说真的。一句不肯定的“拜托、拜托”只会让你在孩子面前显得卑躬屈膝，你是真的仰赖孩子的怜悯和同情。孩子也可以把请求理解成：“哎呀，这件事好像也不是那么重要嘛。如果我不想做，也可以不管它。”

你曾经哭着哀求孩子修正自己的行为吗？

我儿子曾经有段时间很难搞，我陪他坐在地上，哭着说：“我好担心你。过去这段时间你好难带。我真的很努力，可是我再也想不出什么办法了。拜托你：重新表现出你好的一面！我知道你也有好的一面！”

这么说发挥了效用。我八岁的儿子突然修正了自己的行为。我将我的请求置入多个“我……”信息里。这一定加强了它的效果。

偶尔一回露出我们的无助与伤心绝对能让孩子印象深刻，并且让孩子开始改变。不过这个方法只能在万不得已时才拿来用。想象一下，若每星期甚至每天你都哭着哀求孩子，他怎么还会把你当一回事呢？最多也只会同情你而已。他在你身边又如何有安全感呢？

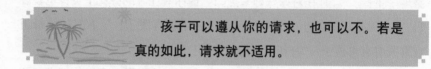

孩子可以遵从你的请求，也可以不。若是真的如此，请求就不适用。

孩子没有遵从要求

假设你一度或数度要求孩子去做某些事情，或不要做某些事情，但他对此毫无反应，接下来会发生什么事？什么事都没有！你的要求石沉大海。举几个类似的场景为例，你觉得似曾相识吗？

妈妈："娜婷，把你的房间整理一下！房间乱得让人无法接受！"

娜婷不为所动地继续玩，没有整理房间。

妈妈（五分钟后又进房间来）："娜婷，你该整理房间！"

娜婷："好啦，等一下。"（她继续玩，没有整理房间。）

爸爸："马提亚斯，把电视关掉，去做功课！"

马提亚斯："好啦，马上去。"（继续看电视。）

爸爸（十分钟后语带责备地说）："我不是跟你说，把电视关掉！你从来都不听我的话！"

马提亚斯："你总能找到机会发牢骚！"（继续看电视。）

妈妈："贝翠丝，马上把玩具车还给那个小男生！那不是你的！"

贝翠丝边吼边竭尽全力紧紧抓住玩具车。

妈妈："你真是个可恶的小家伙！"

贝翠丝留下玩具车。

这些场景的过程都相同：父母给孩子下达明确的指示，孩子没有听从指示，而父母就此不再过问，没有继续要求孩子执行他们的要求。这样，父母给孩子传达的错误信息是什么？"父母要求我做的事情并不重要。显然对他们而言我做或不做都无所谓。"

> 孩子没有遵从的要求不只无效，而且有害。
> 会使孩子不认真看待你，也不听你的话。

"如果……那么就……"：说到没做到

父母经常在孩子不肯听话时，宣布不听话的后果："如果现在不马上整理的话，今天晚上就不准你看电视。""立刻停止惹你妹妹生气！否则你就到房间里！""把该死的奶嘴从嘴里拿出来，不然我就把它拿走！""如果不马上去做功课，你就要倒霉了！"

问题是：事实上什么事都没有发生！其实我们只是想借这句"如果……那么就……"强调我们的要求。我们暗自希望，宣布这些后果就会达到效果，不必真的采取行动。说真的，你成功过吗？

根据我的经验，这类"空洞的威胁"大部分根本无效。要把哭闹的五岁小男生拖进他房里，可要费好大的力气。要忍受小孩哭闹不休，不如塞个奶嘴给他，他应该会立刻安静下来。还有，当一个十岁的小女生一直还没做好功课时，到底该如何处置她呢？我们之前可曾仔细想过？

这些我们大概根本没有好好想过。基本上我们大家都非常清楚，说到却没有真正做到会造成哪些影响：那就是孩子不再认真看待我们的要求。如果经常使用这种方法，更是教小孩不必再听我们的话。

我们的行为就像向老板要求加薪的职员，要求完后还补上一句："如果不给我加薪，我就辞职！"他希望这样说可以强调他的要求，实际上他是绝对不会辞职的。但老板却回答说："好吧，那你就辞职吧！"这时职员只能呆立在那里。若他继续留在这家公司，就是严重伤害了自己的尊严。

我们做父母的会留在"公司"里。家庭不像工作可以随便更换。虽然每个人都立刻明白这个方法的缺点，父母却非常喜欢用这一招。在我们想清楚我们宣布的后果有何意义之前，早已脱口说出一句"如果……那么就……"了！

这些后果的荒谬处经常一眼就可看出："如果现在不安静下来，就再也不准邀请任何人来玩！""如果不把这个吃完，接下来三天你什么都没的吃！"

大部分的父母都知道，这类没有贯彻到底的做法是达不到任何效果的。尽管如此他们还是一再掉进他们自掘的陷阱里。关于这一点有个小故事：

米夏四岁开始上幼儿园。他是个聪明伶俐的小男孩，而且以他的年纪来看算是相当聪明。令他父母意外的是，他已经连续胡闹了好几个星期。米夏每天早上都又哭又闹，因为他不肯去幼儿园。

有一天米夏的爸爸受不了了。他生气地说："如果你再这样胡闹，我们也可以替你注销登记，你就不必再上学，更何况学费那么贵！"米夏脸上的表情一变，他欣喜地看着爸爸说："哦！耶！"米夏爸爸没料到会这样。他迅速地换了个话题……

孩子从这类经验得到错误信息："爸爸妈妈说的话根本没啥意义嘛。"父母的警告左耳进右耳出，总有一天孩子根本不再注意听。

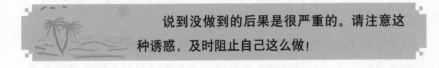

说到没做到的后果是很严重的。请注意这种诱惑，及时阻止自己这么做！

忽视

这里有两种可能：你可以忽视孩子的不当行为，或是把孩子当做空气；第二种情况，你忽视的是孩子整个人，而不只是他的行为。

不去注意孩子的行为有时是非常恰当的做法。像是吸吮拇指这类习惯、偶尔骂人以及闹闹别扭等，这些情形只有当父母注意到时，才会变成问题。相反，若这些行为根本没有被注意到，那么孩子通常会自动停止做这些事。因为他们想要借此成为注目焦点的目的最终并没有达成。

若是特别不当的行为，事情就迥然不同。想象一下：你在喂两岁的孩子吃饭。他不断地把菠菜吐在你脸上，最后还故意把整瓶菠菜泥往墙壁上扔。或者你六岁的孩子只要一有事不合他的意，他就踢你的小腿骨。

或者你九岁大的儿子每天送你几句骂人的话，像是"蠢女人"和"笨女人"这些字眼。如果你对所有这些事完全没反应，而是继续很客气而且"正常"地对待孩子的话，他对你会有什么想法呢？他大概会想："不管我做什么，她显然都无所谓。所以我可以为所欲为。"于是孩子便不再敬重你。

让孩子把自己当做"废物"对待的人，对孩子付出的"宽容"所收到的回报不是感激，而是鄙视。孩子会跟很多大人一样犯相同的思考错误。他想的是："任人糟蹋的人是没什么价值的。他大概不值得受到别种待遇。"

父母忽视孩子极度恶劣的行为还会有很严重的后果：每位爸爸妈妈总有气炸的一天。忽视问题到最后会突然转变成父母失控而勃然大怒，或做出过度严厉的惩罚。

"忽视"让我想起自己学生时代的事。大多数的人可能都遇到过向来很亲切的老师。我们在他上课时可以嚼口香糖、看漫画、聊天、在课堂上做习题时交换作业本，对这些他从来不置一词。他对我们的恶劣行径视而不见。我们渐渐变得越来越大胆，几乎没有人在上他的课，我们完全不把他放在眼里。他偶尔会突然发狂并对我们大吼大叫。这使得他在我们眼里变得更加可笑。当他试着以特别差的分数来报复我们时，我们只有更加鄙视他。

几个典型的场景

*孩子早该上床睡觉，可是他一再到客厅找你。你决定，不管他做什么都不再注意他。

*吃晚饭时你想和先生商量一些重要的事，孩子却一直插嘴。你装
　做好像孩子没有一块儿坐在餐桌边似的，继续讲话。
*你因为功课的事和孩子吵架。当他又拿着功课来找你，想问你问
　题时，你根本不再理会他。

这里父母忽视的不只是孩子的行为，而是把孩子当做空气，装做好
像孩子根本不在那里似的。这个方法有时候也被称为"把爱收回"。在
特殊情况下，父母可能一整天都不跟孩子交谈，希望孩子终有"恢复理
智"之时。

这种态度会有什么影响？请你设身处地为孩子想一想。有人曾用忽
视来惩罚过你吗？那是什么感觉？我相信，忽视一个人必定带有某种敌
意。"对我而言你是空气"这个信息比"我不喜欢你"更严重。

基于这个理由，忽视几乎完全无法让孩子认识到错误，并进而修正
他的行为举止。相反，忽视一个人必定会挑起一场争取注意的反抗。孩
子不断加强他离谱的行为，直到父母必须有所响应为止。如果孩子挑衅
得够久的话，父母的反应可能会特别激烈而且带有敌意。

忽视会挑起一场争取注意的反抗。

这里所提到的"父母的错误"，你也犯过其中几项吗？你没有理由为
此自责或感到良心不安。你大概对自己不明确、不肯定的反应也感觉不
太好。尽管已经下定决心，但错误还是一再发生。我自己在与我三个小
孩相处时，也常犯其中一个典型的错误。有时候我无法及时刹住车而继

续为之，虽然明知道那是错的。

千万别打算把所有的事都做对。完美主义必然会制造失败和罪恶感，进而让人不安和犹豫不决，对任何人都没有帮助。更明智的做法是，小心不要犯错，接受错误，从中学到教训。

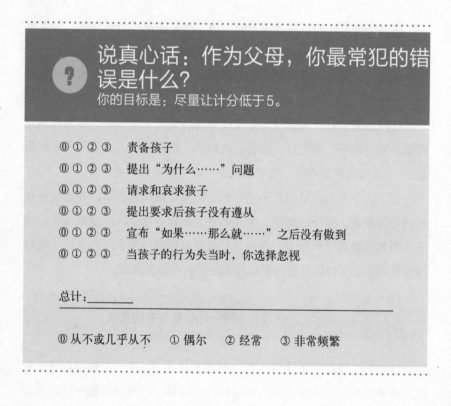

说真心话：作为父母，你最常犯的错误是什么？

你的目标是：尽量让计分低于5。

⓪ ① ② ③　　责备孩子

⓪ ① ② ③　　提出"为什么……"问题

⓪ ① ② ③　　请求和哀求孩子

⓪ ① ② ③　　提出要求后孩子没有遵从

⓪ ① ② ③　　宣布"如果……那么就……"之后没有做到

⓪ ① ② ③　　当孩子的行为失当时，你选择忽视

总计：_____

⓪从不或几乎从不　　① 偶尔　　② 经常　　③ 非常频繁

▌父母出现敌视反应

敌视反应传达给了孩子一个非常清晰的信息。这个信息是："我不喜欢你！"其实我们根本不想传递这项信息，更不是刻意这么做，但它就这样发生了。之前我们多半非常激动，完全控制不住自己的行为；之后我们中的大多数人都会感到非常抱歉。基本上我们非常清楚：责备、威胁、严惩和体罚不会给孩子带来正面的影响。我们的所作所为是不好的示范，只会让亲子关系变得更加沉重。

指责和辱骂

想象一下，你在指责孩子的缺点："真是笨手笨脚！所有的东西都被你弄坏！""笨到家了！""你这个卑鄙的说谎者！"或者更概括性地说："你真令人受不了！""我再也受不了你了！""你很讨厌！""你会气得我心脏病发作！"

这类指责不是对孩子的行为提出合理的批评，而是会让他觉得，你在否定和鄙视他这个人。

这会激起孩子什么反应？绝对不是修正行为的决心，反而更强化他努力争取你注意的想法。此外还会让孩子产生负面的感受：强烈的罪恶感和报复心——依孩子的性情而定。这类辱骂就像一记大锤，迅速又彻底地破坏掉孩子的自信。如果再加上大吼大叫的话，后果会更严重。我确信：咆哮是无法纠正孩子的行为的。

有些孩子也许会被父母的咆哮吓阻或惊吓到，但对其他孩子而言这只不过是亲子斗争中的家常便饭："我这个小孩有本事让高大强壮的爸爸大发雷霆。除了我，没有其他任何人办得到！他已经完全失控！我竟然能做到，我实在太厉害了！"又有一些孩子对父母的嘶吼和指责"置若罔闻"：他们紧捂耳朵，不再聆听，以这种方法来保护自己。

基本上我们自己非常清楚，为什么会对孩子咆哮：我们是在发泄自己的不愉快和愤怒，不管是关于哪方面的。我们把孩子当做出气筒。如果我们肯承认这一点的话，已经算是向前迈进一大步了。

> 　　　　　　　指责和辱骂会破坏孩子的自信，如果再加上咆哮的话，就更严重。

威胁和惩罚

另一种带有敌意的反应方式是：当孩子不听话时，便宣布会有非常严重的后果。"如果现在不整理房间，就整个礼拜都不准离开房间一步！""如果再惹妹妹生气，就痛打你一顿！""如果再不改进，就送你去寄宿学校！"

或者你宣布的是严重但又不切实际的后果："如果再不停止胡闹，就再也不带你和我们一起去度假！""如果再继续和你的朋友吵架，就再也不准邀请别人来玩！"

当这些威胁并不当真，而是你不假思索地脱口而出时，全都只是说说罢了，你不会真的照做：结果孩子不再注意听你讲话。他当然听得出那充满敌意的弦外之音——他感到被排斥，负面感受因此而生。

当然，更不恰当的是把吓唬孩子的严重后果转化成实际的行动。这样会惊吓和屈辱孩子，会引起恐惧和报复心。这样做的目的是在"矮化"孩子，好让大人在孩子眼里显得更强大、更有力。

我们有必要这样吗？当我们想不出更有用的方法时，处罚不正是我们无助的表现吗？处罚孩子时，不是常有种不好的感觉袭上我们的心头吗？

严厉的处罚有两种效果。孩子可能会印象很深刻，他为避免其他类似的处罚，改变他的行为。他为什么这么做？是出于害怕，而不是出于理解。第二种可能是：孩子没那么容易被"矮化"。他看穿了这个把戏，看出你的无助且觉得自己比较占优势。表面上他无所谓地接受了处罚，但却利用每个机会，在与你的权力斗争中证明自己。他企图报复。

> **威胁与严惩会引起恐惧与报复心。**

体罚

你也曾经"动手动脚"吗？曾在孩子的脸颊或身体上看见自己的手印吗？抓住过孩子摇晃他吗？可曾把孩子痛打一顿？之后有什么感觉？

今天偶尔还会听见像"痛打一顿又不会造成什么伤害！""我也是被打大的，还不是有不错的成就！""不肯听话的人就得亲自感受一下！"

这类的话。

我相信且希望，本书大多数的读者都拒绝把殴打作为一种刻意使用的教育方法。不过却不排除很多人已经一次或者多次无法控制自己的行为，而且连自己都惊愕不已地狠狠地打过孩子。我们当中几乎每个人都曾经打过孩子，不管是有意或无意的。

其实体罚对孩子会有什么影响是很容易想象的。想象一下，你自己被一位你所爱的，在体形上胜过你的人打，那会是什么感觉？孩子也会有类似的感觉：受到极深的伤害和屈辱。他面对挨打的反应就像受到其他处罚一样，不是担惊受怕，就是麻木迟钝。经常挨打的小孩时间一长对痛楚似乎会变得很麻木，而且会经常企图报复，跟受到父母敌视对待后的反应很类似。别忘了还有模仿效应：孩子会把从我们这里学到的东西继续传下去。

打在孩子身上的每一拳也打击了你们的亲子关系。信任、安全感、被爱、被呵护，所有这一切在孩子面对一个凶巴巴地抬起手而且看来是故意要把痛苦加在自己身上的大人时，怎么可能会继续存在呢？

如果一旦发生了呢？如果你真的"动手动脚"了呢？连我也偶尔会这样。我会请孩子原谅，不是立刻就是稍后。我承认："当时太激动，所以犯了错。"我答应孩子尽我所能，不让同样的事再度发生。

当然我必须承认孩子有不立刻原谅和遗忘这件事的权利，他们可以再生一会儿我的气。若我做出其他某一种敌视反应后，我也会请孩子原谅。不过这类意外失手的事不可以经常发生，否则孩子不会再相信大人是真心请求原谅。

你的孩子偶尔也会被"打手心"或是常常被"打屁股"吗？这些"教

育措施"绝对没有绝迹。我认为它们并不适当而且很有问题，因为父母很容易从"打屁股"转变成对孩子痛打一顿。

> 体罚会带来可怕的影响，完全不适合作为教育方法。

罪恶感无济于事

所有我们做出的敌视反应，包括威胁和辱骂、严惩与体罚，都有一些共同点：那都是我们无助的表现，是对自己孩子的"报复"。因为我们的努力到目前为止似乎全都徒劳无功，而我们借它们来表示我们的不愉快和愤怒：我们是在"发泄怒气"。身为三个孩子的母亲，在此我特别要说，包括我自己在内也会这样。

所有父母都会犯错，因为所有父母都有人性的弱点。大部分父母会因为他们做出敌视的反应而产生罪恶感和良心不安。可是这样毫无帮助，只有一样东西有用：那就是能让我们保持头脑清醒并且防止我们失控的教育方式。

重点整理

⋯⋯▶ 父母不应表现出不明确、不肯定的反应：请你将来不要再

责备

问"为什么⋯⋯"的问题

请求和哀求

要求后没有遵从

宣布"如果⋯⋯那么就⋯⋯"之后，却没有做到

忽视

这些做法不能起到教孩子规矩的作用，反而让孩子更不听话，不把你当回事。更激起他们为了争取注意而争斗。

⋯⋯▶ 敌视反应让亲子关系更沉重：请你将来不要再

指责和辱骂

威胁和严惩

做出体罚的暴力行为

孩子会从你身上学会这些反应，而且必然会跟着模仿。这类敌视反应也同时破坏了孩子的自信，并激起他的报复心。

第三章

设定界限的计划

本章你将读到：

—— 为何应该一直注意孩子的优点？如何注意？

—— 如何确立家规？

—— 如何跟孩子说清楚讲明白？

—— 如何说到做到？

—— 如何与孩子订下约定？

设定界限的先决条件

前一章详细讨论过父母不该做的所有事情。在阅读时，你一定多次问道："我应该做什么来代替呢？我总得有所行动吧！"过去几年中发展出各种不同的父母职能训练计划，我采用了其中一些特别有效又容易应用的部分，做出下面这张设定界限的计划表。这是一张阶段计划表：请逐步进行。如果第一阶段无效，就进入下一个阶段。

这张图表已经让你大致明白设定界限的内容及其架构，本章的第二节会有更详细的说明。

这张表的好处是：你随时知道下一步要做什么。但只有在特定条件下才会有效，接下来我会一一说明。

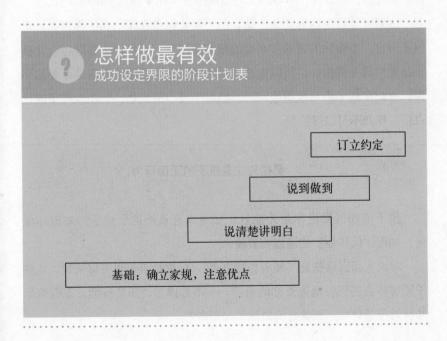

▌条件一：注意优点

还记得应对孩子争取注意的反抗有哪些有效的方法吗？通过倾听、传达"我……"信息、给孩子更多责任、留时间付出关怀等等这些方法你会收到成效的：冲突会较少发生，孩子会更常发自内心与你合作，更少跟你"斗"。尽管如此，还是可能出现让你束手无策的情况：如果你已经深入了解孩子的感受（倾听）、说出你自己的需求（"我……"信息）、提出好的论点，而孩子依然为所欲为；如果孩子每天都在争权和讨价还价，却没有任何改变——那么父母就需要一样用来设定界限的工具。

达到有效设定界限的条件是，孩子要觉得被你接纳和被你喜爱。对孩子而言，不愉快的要求和必要的限制很沉重，而且设定界限也会让孩子经常觉得受到批评。所以你慈爱的关怀对和谐的亲子关系是必要的平衡。因此在孩子学习规矩的同时，绝对不可少的就是：要注意孩子的优点！一样都不可以漏掉！

> **要格外注意孩子的正面行为。**

孩子该如何知道你是为他好？知道你喜欢他这个样子？知道你爱他？知道你信任他？知道你需要他？

对大人而言这些是"理所当然之事"，但你是否表现得够清楚，让孩子能够体会得到？他需要你的响应——不是偶尔，而是持续。下面给出几种对孩子付出正面关怀的做法供父母参考。

接受孩子

你自己可以犯错，孩子也可以。当他行为不当时，你可以否定他的行为并且让他承担后果，但永远不要批判孩子的人格。孩子是什么样子就接受他这个样子。下面表格中有几个例子。

? 怎样做最有效
用接受取代批判

孩子的不当行为	父母的反应：批判	父母的反应：接受
卡洛（五岁）和妹妹和睦地玩了十分钟。突然间他从她手里抢过一部小汽车并用力把她推倒在地。	妈妈抓住卡洛的肩膀，骂他："你真叫人受不了！现在又把妹妹推倒！我真不能信任你！"	妈妈从卡洛手里拿走小汽车。她说："你知道这样是不对的。你刚刚很和睦地跟妹妹玩。我们再试一次。"
路易莎（八岁）被逮到在商店里行窃。她想"顺手牵羊"一个玩具。回家以后她知道自己错了，一边哭一边责骂自己。	"我真没想到，我女儿竟然是个小偷！谁知道你还会做出什么糟糕的事来！"	"这件事我无法接受。我们一起来想想，你该为此承担什么后果。尽管如此，你并不是个坏孩子。你可以从这次的错误中得到教训。"
贝诺（七岁）在家时不肯好好练习，因此听写错了十题。	"活该。像你这么懒惰，难怪会有这种结果。"	"我真为你感到难过。你可以做得更好！下一次我们要及时练习。"

鼓励孩子

鼓励孩子，让孩子看见你信任他的能力，尤其是年纪较小、正在尝试新的事物的孩子。对父母来说，这是个绝佳的机会，让孩子知道："我相信你办得到。我跟你一起感到高兴！"可惜的是，我们放掉很多这样的机会，甚至经常使孩子泄气，而不是给孩子打气。

在幼儿园或学校也能经常鼓励孩子。举个例子：

玛丽亚（八岁）很喜欢上学，而且表现得很好。只有数学有点问题。她的成绩单上写着："玛丽亚常常不专心，她必须继续努力练习九九表。"

老师其实可以用勉励的语气来写："玛丽亚对很多事感兴趣，而且经常热心参与。她的九九表进步很多。如果继续练习，不久一定会很熟练。"

父母所有令人气馁的反应都有一个共同点：强调了孩子的错误，而孩子的成就和一番好意却没有得到重视。在鼓励孩子时要强调的不是错误，而是进步和那份好意。父母或老师要表现出他们正面的感受与喜悦，这样才能拉近与孩子的距离。孩子觉得被接纳，会越来越相信自己的能力。

列举优点

你的鼓励、你的赞美、你充满关爱的手势都支持着孩子，并形成一种必要的平衡，把所有你必须苛求孩子做到的不愉快要求以及必要的限制都平衡掉。

❓ 怎样做最有效
打气取代泄气

孩子的行为	父母的反应： 让孩子泄气	父母的反应： 给孩子打气
拉斯（两岁）试着专心地穿上他的拖鞋。最后他办到了，不过左右脚穿反了。他得意地摇摇摆摆地走到妈妈那儿。	妈妈立刻脱下他的拖鞋。她说："你穿反了，宝贝。"或是她笑道："你怎么穿的？鸭子脚！你全穿错了！"	妈妈让鞋子保留原来的样子："你靠自己穿上拖鞋！你已经会了！"或是："你自己做了一双鸭子脚！好棒！我们来跳鸭子舞！"
克丽斯婷（三岁）和妈妈去游戏区。她头一次敢爬上一座很高的爬杆。	妈妈把她抱下来。她说："这个你还不会。这太危险了。玩这个你还太小。"	妈妈站在爬杆旁边，好能随时接住克丽斯婷，但却什么都没说。当克丽斯婷爬到上面时，妈妈喊道："好棒！你做到了！现在你也可以自己下来。我想，你做得到的！"
克里斯丁（五岁）从储藏室拿出扫把，在没有人协助的情况下，来回扫地上的碎屑。	妈妈拿走克里斯丁手里的扫把："扫把不是这样拿！这样看起来很笨拙！而且你还把碎屑弄得整个厨房都是！"	妈妈摸摸克里斯丁的头。她看着他说："我真高兴你帮我做家务。没有你我该怎么办呢！"
安德莉雅（六岁）刚上小学不久。她费了一番工夫写了一张纸条，她骄傲地拿给爸爸看："巴巴我艾你。"	爸爸说："喔，你写了封信给我！可是你看，这里面好多错字！"他拿起一支笔来改正那些错字。	爸爸读着那封信，感动地看着女儿说："你第一次写一封真正的信给我。我太高兴了！这封信我会永远保存的！"他亲了安德莉雅一下，说："我也爱你！"

　　说出你在孩子身上看到的优点："真棒，你做得很好！""你的画画得很棒！""这么难的听写，而你几乎全对！你真的可以为此自豪！""你搭了这么高的塔！太棒了！""你玩了整整一小时的积木。我真高兴，你可以自己一个人玩得这么好！""你溜冰溜得实在太棒了！我永远没办法溜得那么好！""好惊讶喔：你靠自己把衣服穿好了！""你已经摆好餐桌了！好棒，你对我们那么好。"

　　孩子需要这类响应几乎就像呼吸需要空气一样。他必须经常听见这样的句子，好让他能觉得自己很不错。父母说的话会继续萦绕在孩子的脑际，并且变成他的一种"内在声音"。

　　父母所给予孩子的赞美和肯定，是没有人能从他身上抢走的！借此可以让孩子建立起健全的自信。这一点非常重要，因为我们和孩子不同：大人没有别人的赞美和肯定也得过下去。

　　不过赞美也要学习：多注意下面的指示，你的话语便会发挥特别的效果。

清楚地对孩子说出你喜欢他什么优点

　　"你把你的房间整理得非常好！甚至连书桌和书架都看起来那么整齐！""我真的很喜欢你画的画。你选的颜色真漂亮！我觉得天空画得特别好。""你已经把餐桌摆好了！配上餐巾纸和蜡烛真舒服。看起来很赏心悦目。"

　　你喜欢孩子什么，说得越清楚越好。孩子会感受到你真的注意到他正面的行为。这样的称赞比总是只说"很漂亮！"或"做得不错！"更可信，才不至于显得漫不经心，或只是和大家一样，例行性地赞美孩子。

不然孩子便不会把你的赞美当真，反而会在你的话出口之前，仔细地察言观色。

就算是面对不怎么愉快的事情，也可以挑出一件正面的小事来讲。比方说，当你上小学的孩子写完作业簿里的一页生字，而里面正好有一行写得不错时，就可以这么说："这一行真的特别整齐。"

如果孩子似乎没什么值得称赞和肯定之处，那么挑出几件正面的小事并加以响应就显得更为重要："就是这个我喜欢！"要记得：对别的孩子不过是件微不足道的事，对你的孩子却可能是一大进步或很棒的成就。孩子最后整体的结果并不是那么重要，父母应该多注意和强调每个小小的改进以及朝正确方向所踏出的每一步。最好的做法是，专心观察孩子的发展，而且不要拿他跟别的孩子不断地比较，尤其不要跟兄弟姐妹比较！

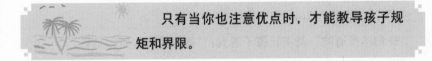

只有当你也注意优点时，才能教导孩子规矩和界限。

只说优点

我们常在赞美和鼓励孩子的同时，会补上一小句话，使得所有一切又成泡影！就像我们的一只手建立起孩子的自信并且鼓励他，而我们的另一只手已经拿起一把锤子，正好一锤敲在我们刚建立起来的东西上。举几个例子：

"这一行你真的写得很漂亮，但剩下的全都是乱写一通！""你整理得很整齐。平常这里总是像个猪窝似的！""你们两个真的和睦相处了五分钟。这件事我会记在日历上的！通常你们相处不超过两分钟就会打起来！""你今天顺利又专心地写完作业。为什么不能一直都这样呢？""你踢起球来真的是你们足球队里的王牌。要是学校作业有这一半好就好了！""今天你真的准时回家。我已经跟你说过上千次了，现在终于有一次做到了！"

我们很容易脱口补上这类的话，而这是很可惜的。我们赞美后就要画上句号，必要时要闭嘴忍住不说，除了孩子的优点之外，不要再多说！

对孩子表现出你的美好感受

所谓的赞美通常是有出现"你"这个字的一句话："你很勇敢！""这件事你做得真好！""你把你的房间整理得很整齐！"

如果我们把赞美和一个"我……"信息结合的话，效果会更好："我很感动！""我以你为荣！""我很高兴！"

一句"普通的"赞美让孩子看到："爸妈看到我做得很好。"一句带有"我……"信息的赞美让孩子看到："我做的事显然对爸爸妈妈很重要。我能唤起他们内心美好的感受。我们真的是一家人。"这样的赞美能让你们更亲密。

也可以完全不靠言辞来表达感受：当某些时刻你非常强烈感受到你和孩子之间的爱与亲密感时，小婴儿就已经能看见你眼里的光彩。一个发自内心的拥抱、温柔的眼神、微笑、充满慈爱的抚摸，全都直达孩子的内心并且会给你回应：你的小宝宝会对你微笑，你的小小孩会爬到你的膝上，两只小手绕在你的脖子上，上幼儿园的孩子会热烈地给你亲亲。

> 我们的孩子能够以各种不同的方式激起我们内心美好的感受。

如果我们好好地睁开双眼，注意到这良性的循环，并对孩子表达出我们美好的感受，一定能让这正面的循环开始转动。

■条件二：确立家规

可曾考虑过，哪些规矩对你的家庭和孩子特别重要？只有知道想要达到什么目标，才能设定出合理的界限。请提出清晰明确的以及孩子能够理解的家庭规矩。这样孩子在之前就知道你对他的期望。当他违反某项规矩时，他自己就会察觉到，而你便不必做出专断的"命令"或禁令。设定界限对你来说尤其代表着：坚持遵守规矩。

请一一列举出家里的规矩。当孩子开始违反某项家规时，要提醒他。问问孩子规矩是什么，并偶尔向他重述一遍。这样可以预防冲突和争辩发生。

各位在第一章已经读到有关选择规矩的几项要点，接下来，举几个如何拟定家规的例子。不过要记得：家规不是僵硬死板的东西。每个家庭的规矩都稍有不同，而且会因孩子的年龄或日常生活里的改变而有所变化。

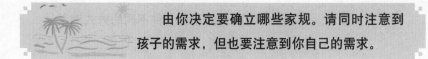

由你决定要确立哪些家规。请同时注意到孩子的需求，但也要注意到你自己的需求。

睡觉

* "讲完睡前故事后，妈妈或爸爸就离开房间。你要待在房里，安静地躺着。"

吃饭

* "吃饭要在餐桌旁吃，有固定的吃饭时间，每个人都要来吃。我来决定端什么菜上桌，你可以自己决定要吃多或吃少。"
* "吃饭时我们大家全都坐在餐桌边，玩具和书不可以拿上桌，吃饭时电视要关掉。"

整理

* "一星期整理房间一次。"
* "每天晚上客厅的玩具全都要清理干净。"
* "先把旧玩具收拾干净，才可以拿新的出来玩。"

与他人相处

* "与别人要和睦相处。不许打人、抢别人玩具或拿东西打人家。如果别人的行为妨碍到我们，可以和对方说。"

* "彼此讲话要客气，不可以骂人，也不可以尖叫。"

电视

* "我来决定你可以看几次和看多久的电视。我们一起决定，你可以看什么节目。只有在我的允许下你才准许看电视。"

帮忙做家务

* "家里每个人都要做家务。由大家一起讨论或写成一张家务表。"（小小孩也能帮忙做家务，例如帮忙摆餐具或收拾餐桌。）

安全

* "接近马路时，你必须一直待在我身边。"
* "放学后立刻回家。离开我们居住的小区时，要告诉我一声。无论何时我必须知道你人在哪里。"

重点整理

只有满足下列两个条件时，才能设定有效的界限：

····▶ 一直注意孩子的优点。

要注意孩子的正面行为。即使你会批评他的行为，还是请接受孩子原本的个性。鼓励他，不断反复清楚地告诉他，你喜欢他哪些优点。

····▶ 确立你的家庭规矩，并且一一列举。

孩子必须知道该遵守哪些规矩。要一一列举出你的家庭规矩，不论是关于睡觉、吃饭、整理、看电视或与他人相处等等。在确立家庭规矩时，要注意孩子的需求，但也要注意到你自己的需求。

三阶段计划

○ ○ ○ ○ ○ ○ ○

■第一阶段：说清楚讲明白

你的孩子已经能遵守哪些规矩？在哪些范围还一直有问题？他的哪些行为和违反哪些规矩最困扰你？一天内会屡次发生吗？会让一天进行得不顺利吗？总是从这当中产生新的冲突吗？

请心平气和地回答这些问题。那么你会明白，孩子应该首先学会哪些规矩。比较合理的做法是，先专注在一项行为上，并将设定界限的计划内所有步骤过滤一遍。这样就更容易控制成效。

我们和孩子讲话时，并没有每次都"说清楚讲明白"。我们时常语焉不详，又爱问为什么，或总是提出要求后没有确实做到。有时我们又觉得，孩子是否真照我们所说的话去做并没有那么重要。有时我们只是开开玩笑。但是我们应该让孩子能分辨，我们什么时候是说真的。我们和他们讲话的方式必须让他们能够注意聆听我们讲话，并把我们说的话当一回事。

下达明确的指示

下面的表格将不清楚和间接的要求跟清楚明确的指示相对照。这些不清不楚的、间接的要求会让你想起上一章所提到的父母最爱犯的错误之一，亦即"责备"吗？告诉孩子应该做什么，比责备他又做错了什么要好。所以不只应该清楚明确地说出你的要求，还要以正面的、肯定的说法表达。孩子对正面的话比较容易接受，这一点其实很容易理解：比方说孩子听见大人说"小心跌到"、"别跑开"、"不许尖叫"这类字眼，他的脑海里原本就储存有关于这些动作的特定想象与动作程序，而在这一刻它们会自动活跃起来——即使这些小字并"没有"真的出现在眼前。但因为孩子太过弱小，无法让这些想象消失于无形，于是又发生了：他跌倒、跑开、继续尖叫这些事。这些反应就是你所唤起的！关于这一点下面表格里也有举例。

像"要乖！"、"要有规矩！"、"保持整齐！"这些要求虽然也算正面的表达方式，但是不够具体。甚至"整理你的房间"或"穿好衣服"也太不精确。

孩子越小，要求就要越明确，越一目了然。不过，明确的指示只有用正面的话语表达出来时，才会有效果。关于这一点下面表格里也有几个例子。

要一直能够找到正面的语词表达，并非容易之事，像"你不应该……"这种话我们更容易脱口而出。请别放过任何试着说出正面指示的机会。

有位妈妈叙述说："吃饭时我总是为了孩子打翻牛奶或是弄得到处都是污渍而生气。我现在不说'不要滴得到处都是'或'注意，你的杯子马上要打翻了'，而是说：'孩子，让牛奶留在杯子里！'虽然刚开始这句话只会引起一阵大笑，可是现在真的比较好了！"

明确指示或客气请求?

很多父母在给孩子明确指示时都碰到问题。他们的主要理由是："我不愿意到处指挥孩子，这种命令的口吻我不喜欢。此外我认为还缺少了

'请'这个字！"

❓ 怎样做最有效
用清楚的指示取代不清楚的，用正面的语词表达取代负面的

不清楚的要求	清楚的指示
"又开电视！你会看到头痛！"	"我要你把电视关掉！"
"你怎么还没把衣服穿好！"	"路卡斯，把袜子穿上！"
"这里怎么一团乱！"	"先把乐高积木放回箱子里！"
"要告诉你几遍，不要惹妹妹生气！"	"马上放开妹妹！"

负面的语词表达	正面的语词表达
"不要跌倒！"	"注意楼梯！"
"不要跑到马路上！"	"走在人行道上！"
"不要跑开！"	"待在我身边！"
"不要所有东西都放着不管！"	"把东西收进柜子里！"
"不可以打人！"	"对人要亲切！"
"不要大声尖叫！"	"嘘！小声说话！"

请记住：这类明确的指示是留给非常特殊的情况用的，是当你确定："现在必须采取行动。孩子现在照我说的话去做是必要和明智的。"你绝对不该整天跟在孩子后面，用命令和指挥来虐待孩子。

大人也有很多情况必须仰赖另外一人的明确指示。想要学有所成的人会遵循老师的指导。譬如请回想一下你上驾校的情形吧：驾校的教练在一

开始对每个动作都会给你一清二楚的指示。这个情况下你期待他说"请"吗？你应该会信赖他根据他的经验给你下达正确的指示吧。或者想想负责开刀的女医生。她具备了做出必要决定的专业知识。在这种情况下，在面对手术室里的其他同事时，说"请"应该也不合适。间接且不明确的要求甚至可能造成可怕的后果。其他同事会遵照她的指示，那是因为他们相信她的能力，尊重她的专业知识。尽管如此她依然能和同事有良好的伙伴关系。和孩子相比，你不是也更有知识、更有经验？孩子不也应该信任你的知识与尊重你的能力吗？当你确信有必要时，偶尔以不带"如果"和"但是"的口气要求孩子，不该受到指责。当孩子偶尔接受"我照妈妈的话去做，因为她知道，什么对我是好的"又有什么不妥呢？

所以孩子若能学习到分辨请求与明确指示两者之间的差异，那会是一大收获。因此你也不必让"请"这个字从你的语汇中消失。

我们没有人要孩子"无条件地服从"，那是过去的时代对孩子的要求。每个人都知道，这样的教育会造成哪些可怕的影响。请各位谨慎为之：因为不合理的、专断的甚至危险的命令也可能表达成清楚明确的指示。而清楚明确的指示也有可能——一如本书其他的诀窍和指示——被滥用而伤害到孩子。

> 为人父母者必须留意孩子的健康，尽力避免对孩子身体或心灵的伤害。

请好好思考：哪些规矩对你来说真的很重要？为什么正巧是这些规矩？什么时候你是说真的？没有人能替你回答这些问题。你越严肃地思考这些问题，你的清楚指示就越使人信服。

  *在说清楚讲明白之前要好好思考。

  *请给出明确又一目了然的指示。

  *请用正面的、肯定的语词表达。

控制声调与肢体语言

和孩子说话时，不只说的话很重要，你的声调和肢体语言也能有效地强调出你什么时候是说真的。

声调会唱歌

在要求孩子时，你的声调跟你所选择的语词同等重要。轻声细语的、哭泣哀求的声音在孩子听来几乎不带任何要求的口气。相反，如果我们对孩子大吼大叫的话，前面已经提过，这听在孩子耳里，或许他们会受到威吓，或许只是当做"耳边风"，或许也会模仿我们并且吼回来。无论如何他们会注意到："啊哈，妈妈已经失控了！"

每位爸爸妈妈都曾控制不住自己的声音，曾经大声喝令过自己的孩子。面对自己的孩子时，失控的门槛好像特别低。对另一半讲话时，也同样经常口气很差。

其实令人惊讶的是，我们偏偏最常对我们最爱的人嘶吼。面对陌生人时我们反而更能控制自己，我们会以希望他们如何对待我们的方式对待他们。我们知道，被别人吼有多不舒服，我们也知道经常对同事吼的人有多可笑。我们会从这当中吸取教训。我们大部分人还不只这样：在别人面前，我们经常把不愉快的事往肚子里吞，选择礼貌性的沉默，而不公开说出我们的批评。

再怎么有自制力的人，也总会"发泄怒气"，而且大部分都是发泄在自己家人身上。如果我们对孩子吼，就代表孩子有时候承担了我们一整天下来所累积的怒气。

有一个妈妈有三个非常活泼的小孩，她也面临上述的问题。一天当中她有好几次会失去耐性，对着孩子大吼。整理家务、照顾孩子，有时候对她来说是一种苦求。

即使家里工作很多，这位妈妈却担任好几处的志愿者，还帮朋友布置新房子，因此家里很多事情都搁置着。她的理由是："我没有办法说不，我的朋友不会谅解的，我不想做个不够意思的人，况且别人也全都办到了。至少我得做出样子，让一切看起来都在我的掌握之中！"

她必须先学会偶尔也要在别人面前表达批评，也要学会说不，偶尔要承认："我事情太多了。我做不到。我必须先想到我自己的家人。"（亦即传达出"我……"的信息！）等她比较能够做到这些时，才有可能比较有自制力地、比较平静地跟自己的孩子讲话。

大概没有人有办法在任何情况下都不尖叫不嘶吼。但当你觉得有些事情真的很重要时，请用更平静、更坚定的声音说话。只有当你控制住自己时，孩子才会认真看待你。

身体也在讲话

不只你的声音很重要，注视和抚摸孩子也很重要，这能更进一步强调你所说的话。大家都承认，这一点并不容易做到。很多孩子在事情变得"严重"时，会想要逃避。也许你的孩子会把头扭开或闭上眼睛。你不能强迫孩子与你对视。如果你很靠近他的话，即使他闭上眼睛，依然感受得到你的眼神。

当孩子用手指塞住耳朵或捂住耳朵时，该怎么办？可以把他的手拿下来并且握住，然后和他讲话，讲多久就握多久。要记得：要做简短明确的指示，而非冗长的谈话。

当孩子不肯待在身边而想跑开时，该怎么办？如果你真的是认真的，那么这个情况下绝对不准让孩子溜掉。如果他不是自愿留在你身边的话，那么只有一个办法：紧紧抓住孩子，尽可能温柔地抓紧，但语气要坚定有力，同时要注视着孩子，告诉他应该做什么。

有些读者现在一定充满疑虑地摇摇头并提出反驳："先是要我随时随地指挥孩子，现在还要我紧紧抓住他？这和家庭暴力只有一线之隔！我这是在利用我体形上的优势呀！"

我也比较喜欢孩子自愿留下来，注意听大人讲话。但是当他跑开时，能有哪些选择呢？你想追在他后面喊着说他应该做什么吗？你想一边追在孩子后面一边给孩子下达清楚明确的指示吗？他会觉得好玩极了。你会放弃地耸耸肩，然后说"好吧，那就算了"，然后不再过问吗？如果是这样的话，孩子得到的错误信息是："只要情况变得很讨厌，我只要跑开就好了。"他会一再地跑开。只有他高兴的时候，才会倾听你说话。

你的肢体语言会让你所说的话更有分量。如何把肢体语言应用得更有效果，可从下面的对照表看出来。

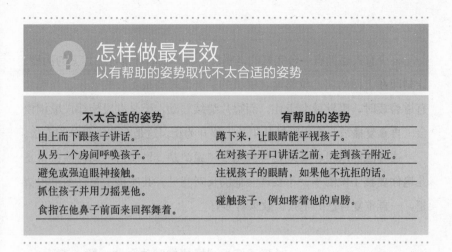

"坏掉的唱片"

"说清楚、讲明白"是很有帮助的方法，但这样做常常还不够。如果你以平静肯定的语气，加上具有说服力的姿势，给孩子下达一道清楚明确的指示，而孩子却依然毫无反应的话，那该怎么办？或是他早已知道你的论点为何，开始讨价还价又该怎么办？如果你所传达的"我……"信息毫无效果怎么办？或你的时间很紧迫？正好发生冲突？孩子违反了一项重大的规定？这时候讨论无济于事，而清楚明确的指示大概也帮助不大。所以这时候应该使用"说清楚、讲明白"的下一步。

当孩子开始讨价还价时，你就使用"坏掉的唱片"这一招：重复几遍孩子应该做的事，不要理会他的反对意见。

如何发挥功效?

很少有人还拥有一台完好的老唱机,靠一根唱针滑过唱片上的沟槽,让刻印在上面的凹凸纹路通过唱机的扩音器转变成美妙的音乐。当唱片有道裂痕时,唱针就会卡住,而唱片继续转动,于是有段旋律或歌词便会一再重复播放,直到唱针从唱片上移开为止。这是个非常简单的方法。

这方法可以很容易地延伸应用在"说清楚、讲明白"的时候:重复几遍你要孩子做的事,不要理会他的反对意见。其实孩子自己多半很清楚,一再重复自己的主张,效果有多好。

> 对孩子使用"坏掉的唱片"这一招,正所谓"以其人之道还治其人之身"。

孩子自己如何使用"坏掉的唱片"这一招,从下面这段四岁的安妮卡和她妈妈之间的简短对话便可看出。

那是个炎热的夏天。安妮卡和妈妈在小镇上买东西。

安妮卡:"妈妈,我可以买冰吃吗?"

妈妈:"你今天早上不是已经吃过了吗?"

安妮卡:"可是我想吃嘛。"

妈妈:"吃太多冰不健康,肚子会痛。"

安妮卡:"妈妈,我真的很想吃冰。"

妈妈:"可是已经那么晚了,我们必须马上回家。"

安妮卡:"拜托啦,妈妈……"

妈妈："好吧，下不为例……"

安妮卡怎么办到的？对妈妈所提的理由她置之不理，也不和妈妈讨论吃多少冰才算健康，超过多少肚子就会着凉，她一再简洁、坚决和明确地重复她的愿望——就像一张有裂痕的唱片。

而妈妈所做的是我们大人在这种情况下几乎都会做的事：她说出理由，开始讨论。她要孩子了解为什么不可以吃冰。所以从她的角度来看，她也同样在要孩子明白她的愿望，于是一个清楚明确的指示很容易变成一段冗长的讨论。最后妈妈可能完全忘记自己到底要什么。所以孩子很喜欢这类的讨论。此外这也是得到妈妈关注的绝佳机会。再举个例子：

妈妈（蹲下来，注视安妮卡的眼睛，摸着她的肩膀，给她一个清楚的指示）："安妮卡，现在把乐高积木收进玩具箱里！"

安妮卡："为什么？"

妈妈："因为是你倒出来玩的。"

安妮卡："真过分！每次都是我收拾！整天都在收拾！"

妈妈："你不需要整天收拾。可是你必须学会，把你倒出来的东西收好。"

安妮卡："提米（两岁大的弟弟）永远都不必收拾！这实在太过分了！你总是什么都帮他做！你从来不帮我！"

妈妈："提米比你小很多。他一个人做不来。"

安妮卡："他可以！你爱提米胜过我！"

妈妈："好了，不要再说了！你明明知道你这样说是不对的！"

这个讨论可以任意继续下去。安妮卡妈妈保持冷静。她尚未犯下第二章所描述的诸多可能发生的父母错误当中的任何一个。如果这场讨论持续得够长的话，她还是很容易犯错的。而最后安妮卡是否真的会收拾，则很难说。换句话说：在这种情况下是不适合讨论的。安妮卡成功地让妈妈所下达的明确指示突然改变了方向。

再举另外一个例子。下面这段三岁的莉萨和妈妈之间的对话几乎每天早上都会上演：

妈妈："莉萨，现在把衣服穿好！"（清楚的指示）

莉萨："不要。"

妈妈："来啦，好乖。等你穿好，我们一起做点好玩的事。"

莉萨："做什么呢？"

妈妈："我们可以一起拼图。"

莉萨："我不要。拼图很无聊。我要看电视。"

妈妈："一大早看电视！绝对不可以！"

莉萨（哭泣）："老是不准我看电视！所有小孩都可以！只有我不行！"

妈妈："不对。所有我认识的小孩早上也都不准看电视。"

莉萨在这时为了一件完全不相干的事哭了起来，而她还是一直没有穿好衣服。通常结尾是，妈妈把莉萨抱起来安慰她，然后帮她穿好衣服，虽然她一个人也可以把衣服穿好。这里这位妈妈在下达一道清楚的指示之后，也陷入一场没有结果的讨论。这一次莉萨靠着看电视这个题目另辟战场。她也能够把妈妈摆出来的每件衣物，从袜子到合适的发夹，都大加讨论一番。对一个三岁的还没上幼儿园的小女孩来说，她真有本事。

也有其他做法

安妮卡和莉萨的妈妈如何能避开讨论呢？使用"坏掉的唱片"这个方法能让清楚的指示不至于改变方向，也不至于陷入另一个主题。安妮卡已经让我们知道，这个技巧可以让她实现她想吃冰的愿望。这次换安妮卡妈妈来用"坏掉的唱片"这个方法：

妈妈：(蹲下来，注视安妮卡的眼睛，摸着她的肩膀，给她一个清楚的指示)："安妮卡，现在把乐高积木收进玩具箱里！"

安妮卡："为什么？"

妈妈："一定要现在：你既然拿出了积木，就要把它们收进玩具箱！"

安妮卡："真过分！每次都是我收拾！整天收拾！"

妈妈："来吧，安妮卡，现在把乐高积木收进玩具箱里！"

安妮卡 (开始收拾，并小声抗议)："每次都是我……"

莉萨和妈妈之间的对话也会完全不一样，当莉萨妈妈使用"坏掉的唱片"这招时：

妈妈："莉萨，现在把衣服穿好！"(清楚的指示)

莉萨："我不要。"

妈妈："这里，莉萨。先穿上衬衫。"

莉萨："可是我要跟你玩！"

妈妈："莉萨，现在穿上你的小衬衫。"

莉萨 (嘟着嘴，但是穿上她的衬衫)："讨厌……"

你不相信这么简单就可以做到？试试看！很多父母都察觉到，他们经常参与了成效不彰的讨论。当他们反过来使用"坏掉的唱片"时，对其成效深感惊讶。但"坏掉的唱片"绝对不可无止境地使用，你可以重复三遍，但不可以超过三遍！

第一章曾叙述过八岁薇琪的故事。她总是在上学前说她肚子痛，而且早上要上十次厕所。薇琪妈妈花了两个星期和她女儿讨论、安慰她，最后也有三天让她留在家里，但还是找不出薇琪突然"害怕"上学的原因。白天和晚上她都很快乐地嬉闹如常，所以薇琪妈妈决定，以另外一种方式给薇琪安全感。不管薇琪如何哀求和提出理由，妈妈现在每天早上的反应都是一样的。她对着薇琪弯下腰来，摸着她的肩膀，用充满慈爱与肯定的语气说："你现在去上学。我很抱歉，对你来说这很困难。"

如果薇琪像之前那样，又想在最后一分钟上厕所的话，妈妈就说："你现在出门去。你已经上过厕所了。"别的话她都不再说。有时候她会重复她的话（"坏掉的唱片"）。妈妈很惊讶，薇琪的"腹痛"很快得到改善。一星期后薇琪又像之前一样，毫无问题地去上学了。

留时间讨论

为了不造成误解，容我稍作解释：亲子之间的讨论是很重要的，而且一天当中绝对可以多进行几次。在一起吃饭的时间，在睡前仪式进行时，在每天安排给孩子的时段里（见第二章的"留时间付出关怀"那节），在安静的半小时里……在这类情况下，讨论是很有意义的，而且会得到好的结果。这时候你有时间倾听，可以让孩子明白你的需求并提出论点。请主动提供孩子这样的讨论机会。所有在使用"坏掉的唱片"时省略不提的理由，都可以在这类安静的半小时里补充说明。如果孩子真的很在乎这件事的话，一定也会对这样的讨论感兴趣。

孩子经常只有在他能借由讨论而转移话题并且想要获得关注时，才会对讨论感兴趣。在"安静的半小时"里这个目的不见了。所以对孩子来说讨论或许根本不再那么重要。

当冲突发生时，当孩子正好违反规矩时，讨论是没有用的。这时应该用"坏掉的唱片"这个方法。重复三遍以后孩子依然故我？那么我们第一阶段设定界限的计划算是黔驴技穷。光是"说清楚、讲明白"没有发挥功效。请进入下一个阶段，说到做到。

▌第二阶段：说到做到

很多父母靠着"说清楚、讲明白"这个阶段里的指示往前迈进了一大步。特别是放弃讨论和使用"坏掉的唱片"这两个方法经过证明是非常有效的。不过在父母下达清楚指示的同时就应该知道下一步要做什么，如果孩子一直不听话，该怎么办。

到目前为止，当孩子不遵从你的清楚指示时，你都作何反应？你很可能在无意中犯下父母普遍会犯的错误当中的一个：责备、问为什么、宣布后果却没有照做、威胁和责骂、严惩或殴打。这些反应都是从一种愤怒、气恼和无助的感觉中产生的。而现在最重要的应该是保持一颗冷静的头脑，并且继续下一步骤。很多孩子不为言语所动。他们是在测试：

"如果我现在依然（不）这么做的话，会怎么样？"

行动的效果胜过言语，我们现在必须有所行动。如果不这么做，孩子就更不把我们当回事。如果不采取行动，我们就失去了可信度。大部分的孩子必须感受到后果，才能从中得到教训。但是在发生冲突以及非常激动的状态下，我们经常想不出合理的办法，所以我们必须及时且审慎地考虑和计划，当我们话一说出口以后，要采取哪些行动。

* 你的行动不该是处罚，而是设定界限。应该让孩子明白："停！这种行为我不允许！"处罚带有专断和敌视的味道。从合理的后果中孩子却能学到教训，这才正是你想要达到的目的，才是为孩子的利益着想。所以你的信息是："我爱你，你对我很重要，所以你的所作所为对我而言不是无所谓的。你必须遵守规矩。我会帮助你做到。"

* 你的孩子可以选择："我要么遵守规矩，照爸爸妈妈的话去做，要么就是承担后果。"

* 为了让你的行动有效，必须注意一点：后果可以是孩子不喜欢和令他不高兴的，但是你永远不可以造成他心理或生理上的伤害。

哪些年纪做出哪些行为应该承受哪些后果算是合理的——这个问题几乎永远回答不完。接下来的几页你可以读到很多具体的例子和诀窍。

从必然的后果中学到教训

有一点是专家一致同意的：孩子令人不快的行为与后果之间的关联越清楚越好。如果孩子晚上没有把玩具收拾好，为此"被罚"晚餐没有甜点可吃的话，这就不太合理。他应该"吃一堑长一智"，并且为自己所做的事情负起责任。举几个例子来说明这一点。

夜里醒来

乔纳斯（十一个月大）有个很令人讨厌的习惯：他在夜里一点左右会醒来哭泣。接下来至少两小时他都一直醒着。

乔纳斯的父母爱做什么就做什么，反正这个小孩在三点以前是不会再睡着的。不过他会在早上补觉，上午九点或十点以前他不会醒过来。后来乔纳斯在晚上九点左右被送上床，他这个年纪的孩子通常晚上需要约十小时的睡眠。后果可想而知，父母规律地在早上七点叫醒乔纳斯。从第三夜起，他就一觉到天亮了。乔纳斯学到的规矩就是："上床等于睡觉。"

跑开

丹尼尔（两岁）喜欢和他妈妈去散步。让她很困扰的是，他经常挣脱她的手跑开。他妈妈总是得跟在他后面跑，"抓住"他。

丹尼尔觉得这样很好玩，妈妈却觉得一点都不好玩。她决定采取行动。她一如往常带着婴儿车进市中心。丹尼尔可以牵着她的手走。她好几次清楚地指示他："留在我身边！"尽管如此，五分钟以后他还是跑开了。

这个情况下，可能有两种必然的后果：如果路上没有车，妈妈可以让丹尼尔跑开并且留意他的安全。当他开始担心地找起她时，她才走向他并重复地说："现在你要待在我身边！"当他觉得一个人不自在时，他就不会再跑开了。

丹尼尔妈妈偏爱第二种可能：她把儿子绑在娃娃车上。丹尼尔先是尖叫不止。等他冷静下来，才准他再下来走。这次他便乖乖留在妈妈身边。从那时起，丹尼尔妈妈每次都这么做，直到丹尼尔学会这条规矩："当我想要自己走的时候，我必须留在妈妈身边。"

吃饭时胡闹

卡劳拉（前面提过）三岁半，每次吃饭都胡闹。每顿饭都拖延一个小时以上。

卡劳拉让妈妈喂食，吃饭时需要额外转移注意的东西，像是电视或故事书，才肯吃下一点点东西。日子完全被因吃饭而起的争论所左右。

卡劳拉的妈妈深信她的女儿太瘦了，所以她不放过任何可以强迫她女儿吃东西的机会。譬如每次散步时，卡劳拉的妈妈的口袋里都会带着小面包球，然后趁着卡劳拉不注意时，塞进她的嘴里。

这种情况下如何"从后果学到教训"呢？吃饭时，孩子自己最清楚需要吃多少，违背孩子的意愿强加灌食是绝对不合理的。不可以强迫任何人吃东西，不管是通过任何一种招数或是以暴力强迫。两者都会造成令人忧心的影响：例如卡劳拉就习惯经常性的呕吐。

在吃饭这件事上，如果要正确地"从后果学到教训"的话，应该考虑采取相反的做法，做法上有一清二楚的规定。但是孩子可以共同决定。

＊请你限制供应食物的时间。

＊请你挑选你想供应的菜肴。

＊留给孩子决定他想吃多少。

＊陪孩子一起吃饭。多注意你自己的饭菜，不要注意孩子的。

＊吃饭时孩子要留在座位上坐好。

＊超出正常对话范围以致转移注意力的东西是不适当的。

所有这些重点儿科医生都和卡劳拉的妈妈谈过。不过儿科医生必须先说服她相信，卡劳拉并不是太瘦。她从出生以来体重虽然低于一般的平均值，但一直都很稳定且均衡地增加。卡劳拉是个健康的女孩，身体很好又很灵活。她自己知道她需要多少食物。让妈妈明白这一点是"治疗"中最重要又最困难的部分。

在咨询过后，卡劳拉妈妈让女儿自己决定她的食量。吃饭时间固定并且限制为十五分钟。时间一到，餐桌就会收拾干净，要到下一餐卡劳拉才有东西吃。这期间她可以吃水果，想吃多少就吃多少。像电视或故事书这类会转移注意力的东西，吃饭时间不准再出现。

卡劳拉连续四天都吃得非常少。后来她显然从经验中学习到："如果我什么都不吃的话，会肚子饿。除了三餐，两餐之间什么都没的吃。如果想避免'饥饿'这种不舒服的感觉，吃饭时我就必须吃点东西。"卡劳拉虽然总共加起来吃得没有比之前多，但是母女之间不再斗了。

穿衣服拖拖拉拉

六岁的米莉安（第一章也提过）每天早上穿衣服时都拖拖拉拉。她一星期有两到三次上幼儿园迟到，因为她没有及时穿好衣服。

可是迟到对米莉安来说根本无所谓，所以迟到不适合当做必然的后果。在这种情况下"从后果学到教训"可以是这样：

米莉安妈妈把话跟女儿讲清楚，并且使用"坏掉的唱片"这个方法：

"你现在把衣服穿好。我就可以准时送你去幼儿园。"她重复这句话三遍。没有用。米莉安穿着睡衣坐在地板上,一动也不动。妈妈离开房间,不再响应女儿对她的呼唤。从那时开始,她每隔五分钟走回米莉安的房间,每次都说:"米莉安,你需要我帮忙吗?当指针走到这儿时,我们就出发。"米莉安不相信妈妈的话。她又骂又叫,不肯穿衣服。说好的时间一到,米莉安妈妈牵起女儿的手,把她带上车,而她身穿睡衣。妈妈把她的东西也一并带上车。米莉安在车上迅速地换上衣服。她骂妈妈有多过分、多讨厌。她妈妈什么都没说。从第二天开始,光是"说清楚讲明白"就够了。米莉安已经从后果学到了教训。

在孩子上幼儿园的年纪这个方法永远有用。只有少数情况下,孩子会真的穿着睡衣出门。当然父母内心必须愿意,在万不得已时要走到这一步。孩子会感受到父母的决心,并在最后一秒决定,还是把该做的事做好。

放学接人紧张兮兮

四岁的提洛早上穿衣服没有问题,但是从幼儿园接他回家却几乎每天都叫人紧张兮兮。提洛妈妈常常还得和幼儿园老师简短交谈一下,而提洛根本不让她讲。他在大人讲话时乱吼乱叫,还坐在地上哭闹,直到妈妈受不了让步,带着他离开幼儿园为止。

我们一起思考过,提洛妈妈能使用哪些合理的后果。她先让她儿子知道,她了解他的不耐烦:"我知道,你很累"或"现在你很无聊,但这是一定要的"。她使用的是"主动倾听",是反制孩子争取父母注意的有效方法,这在前面讲述过。接着她说:"等你冷静下来,我们再走。"她坐下来，等到儿子停止哭闹为止。为此她还未雨绸缪地带了一本杂志来。于是哭闹对提洛而言一点意思都没有，不久他就停止不哭闹了。令提洛妈妈惊讶的是，在这之后到幼儿园接他就一点问题也没有。

"我不要一起去！"

和前面类似的例子是，我和我六岁的女儿安德莉雅曾有过的一次争执。我帮她和理发厅约好一个时间，她当时同意了。但是当我们要出发去理发厅时，她开始哭闹，拒绝一起去。

我看着她，很冷静地说："我们和理发厅约好了，我会准时带你去。如果你一直哭的话，我是无所谓，而且理发师一定也习惯了，小孩子常常一边剪头发一边哭的。可是有一件事是确定的：只有当你冷静下来，你才能自己说，你的头发应该剪成什么样子。"我女儿在路上还是一直哭。当我们一踏进理发厅时，她就不哭了。她很合作，而且我也准许她说出她想要的发型。剪完之后她对自己的新发型很得意。

整理

有一回当我在幼儿园旁听时，我对他们顺畅地整理好东西印象非常深刻。所有的孩子都把玩过的玩具收好。手工作品、积木、玩偶、装扮箱里的物品，每一样东西都仔细地放好，而且毫无异议。

幼儿园里有规定，而且会注意到孩子有没有遵守规定。孩子甚至会互相提醒："旧的玩具要先收走，才可以拿新的出来玩。""教室要整理干净，才可以到外面去玩。"为什么不能在家里也贯彻执行这些规定呢？

另一个合理的后果是"星期六箱子"：如果孩子拒绝收拾的话，可以告诉他："我把闹钟调到十五分钟。时间一到，我就把所有还散落在四处的东西收进一个箱子里，到下个星期六你才能拿到这个箱子。"要是同一件玩具连续好几次都被收进箱子，也可以把这件玩具没收一段时间，甚至完全剔除。这么做正好可以看出，孩子真正珍惜的是哪些东西。只有对他不重要的东西才会被搁在那里。

"我不要上厕所"

当珍妮弗妈妈来接受咨询时，珍妮弗快五岁。她已经很久都不必穿纸尿裤，可是却拒绝到厕所上大号。她坚持要用纸尿裤。

上完之后妈妈会把珍妮弗抱上换尿布的台子上，用湿纸巾擦干净，涂上乳霜，再穿好衣服。珍妮弗很喜欢这样。她为什么要改变呢？

必然的后果是让珍妮弗自己感受一下她的"方法"所造成的不愉快。她必须自己去拿纸尿裤，抓紧裤子（妈妈刻意买了小一号的纸尿裤），自己拿去厕所清掉，接着去浴缸洗干净，再自己把衣服穿好。珍妮弗一点儿都不喜欢这样，她改变这一情况的动力现在大多了。几周后，珍妮弗就宁愿去上厕所了。

喧闹不止

当爸爸晚上七点左右下班回到家时，麦克和路易（六岁和八岁）总是欣喜若狂。爸爸连衣服都还没换下来，他们就扑在他身上，要和他玩。

这两人运气不错，因为爸爸也很高兴看见他两个儿子，也想陪他们玩一下。不过有一件事他不喜欢：几分钟后从一起玩变成大声的、疯狂的喧闹。男孩子玩得越来越起劲，爸爸根本阻止不了这两个人，晚上的睡前仪式也就乱成一团。

这里提供一个很简单的规定，其后果也很简单："我现在有半小时的时间陪你们玩。今天麦克可以选要玩什么，明天轮到路易，一直轮流。但是有一个条件：如果变得很大声，而且有人开始喧闹的话，游戏时间就立刻结束。给你们选。"

第一天晚上这两人不相信爸爸是说真的，他们很不习惯这样。爸爸真的在十分钟之后结束掉游戏时间，但是之后就很少提前结束了。因为对这两个小男生来说，和爸爸一起玩实在太宝贵了，所以他们一定要把这段时间利用到最后。

"我不要做这个"

由丽（六岁）应该慢慢帮忙做家务。她的任务是午餐时把餐具摆好。刚开始很顺利，一段时间之后她开始抱怨，最后她完全拒绝帮忙，"你自己做嘛"，她对妈妈说。

由丽妈妈只回答说："摆餐具是你的任务。没有盘子和叉子我们没办法吃饭。"这一天到晚上才有午餐吃。

如果孩子拒绝承担约定好的义务，还可以有另一种可能的后果：所有类似约别人出去玩、观赏最爱看的电视节目等等这些事都只有在任务完成后才可以去做。"只要你的任务没完成，就不能去做你想做的事！"

健忘！

丹尼尔（七岁）很健忘。虽然妈妈有提醒他，他还是忘了带他的体育包，忘记带作业簿到学校，而且也几乎从来不知道，有什么作业要做。

刚开始丹尼尔妈妈会帮他把东西送到学校去，放学后坐在电话旁边，想办法问别人有哪些作业要做。但情况并没有改善。为什么要改善呢——丹尼尔觉得那不是他的责任！他完全依赖妈妈。

当她告诉他"你现在得自己记得你的东西"，一开始他没有把她的话当真。接下来几次体育课他都必须坐冷板凳，因为他没带体育用品。数学课时他的作业簿没有像平常一样得到奖励章，因为作业簿还在家里的书桌上。"妈妈，你没有把东西给我！"回到家时他非常愤怒地喊道。"明天你自己记得。"妈妈只这么说。丹尼尔照着做了。可是第二天他又不知道他有什么作业，这次他妈妈也不帮他问。她只说："你明天把要做的作业记下来。"

丹尼尔必须向老师解释，为什么他没办法做作业，这让他心里很不舒服。此外他知道：如果明天没有把作业补写好的话，就必须在学校多留一小时，把作业写完。不过这只发生过一次。

借助肢体力量

当小宝贝或幼儿不做他该做的事时，经常只有一个理所当然的后果：必须借助温柔的肢体力量来"敦促"他。当你给小宝宝包尿布他扭来扭去时，你可以紧紧抓住他。当两岁的孩子靠近危险时，领他离开。三岁的孩子拒绝爬楼梯朝卧室方向走去时，可以推他、拉他或抱他。当你赶时间时，他拒绝穿外套吗？除了"帮他穿"，别无他法。当孩子不肯刷牙时，你就必须帮他刷。

到上小学前都还会出现这类情况。这跟打孩子或伤害孩子一点关系也没有。这是动用肢体来设定界限，带有慈爱和肯定，而非处罚或有敌意的意味在里面。

"出于自愿或以暴力胁迫"这个问题已经变成我和我女儿之间的一句流行用语。我使用"暴力"的方式对六岁的安德莉雅来说应该不会很吓人,不然她不会常常问我说:"妈妈,我今天那么乖,可以请你用暴力送我上床睡觉吗?"

通常动用肢体来"敦促"是不怎么好玩的,经常和孩子的哭闹声连在一起。我们会有一种真的在对他施暴的感觉,在"强迫他接受我们的意志"。但是,正确的说法是:我们是在贯彻执行我们认为必要的事情,即使是违背孩子的意愿。我们不是专断而为,而是因为孩子在这一刻还无法就自己的利益做出决定。我们比较知道什么该做,什么不该做。在这种情况下,特别困难的是控制自己并保持冷静,而偏偏这是最重要的。

如果避免不了动手来敦促孩子的话,无论如何,一定要用友善及冷静的声音。"你一个人也可以走。""你只要保持静止不动,就会好很多。""你也可以自己穿外套。"这类句子可以让孩子明白,他有选择的可能。

这样不行!

最后这个例子可以看出,在选择"理所当然"的后果时,多么容易出错:

马克斯八岁。他和妈妈的关系非常紧张。马克斯为了争取注意经常和妈妈怄气,甚至连作业也不好好做。

我和马克斯的妈妈谈过,该如何对她儿子"说清楚讲明白",以及使用"坏掉的唱片"这个技巧。有一回她又坐在儿子旁边陪他写作业,他不但不专心还一直玩弄一沓足球卡,使她非常生气。她要求他三次:

"把卡片放到一边去。"可是没有用。这时妈妈必须采取行动。可惜的是，她事前没有考虑好她下一步会怎么做。她出于生气和失望，决定拿走那些卡片，而且一气之下把它们撕成两半。马克斯痛哭流涕。他节省了好久又花了很长的时间才好不容易交换和收集到他最喜爱的球星卡片，而现在全都毁了。

这位妈妈应该怎么做才合理呢？这些足球卡真的干扰到马克斯做作业，使他无法专心，但只要把卡片拿开直到他做完作业，应该就可以了。

沉默是金

所有想当然的后果都只有在一个条件下才能发挥效果：让你的行动说话，但请你自己保持沉默。

你绝对可以借助温和的肢体力量，平静但肯定地把孩子推上楼梯，只要你在推的时候沉默不语或者只简短说道："我现在带你去浴室。"引我们开骂的诱惑是很大的："每天晚上都要这样闹！我快受不了了！你不能自动去浴室吗？你知不知道，这很烦……"你是否注意到，这些话多么容易从我们嘴里脱口而出！你难道看不出来，无言的行动更有效吗？

只要你一边行动一边责备，就很难顺利地让孩子从必然的后果中学到教训。整件事会蒙上一层亲子较量的阴影。下页表格中还有几个范例是将显而易见但十分多余的评语跟必然的后果两相对照。

在这些例子中沉默是金，但雄辩却非银，反而比银还糟糕。雄辩会把必然的后果转变成处罚，所有前面提到过的父母会犯的典型错误所造成的影响都可能成真。这样的情况下要保持沉默是很难，但是熟能生巧。

❓ 怎样做最有效
孩子典型的行为方式所产生的必然后果

引人注意的行为	必然的后果
里欧娜，九个月大，夜里醒来三次，而且每次都要喝一大瓶牛奶麦糊。白天她几乎不喝奶。	减少夜里喝奶的量。一周后夜里不再给里欧娜喝任何东西，好让她在白天吃饱。
马歇尔，两岁，会气得砸坏他心爱的小汽车。	马歇尔得不到新的小汽车做补偿。
劳拉，三岁，不去上厕所，虽然她可以控制自己的大小便。	不再给她穿纸尿裤。要么裤子会有一段时间一直湿湿的，要么劳拉必须自己换裤子。
三岁的卡劳拉拒绝吃午饭。	她要等到下一餐才有东西吃。
托马斯，五岁，打翻了牛奶。	递给他一条抹布，把牛奶擦拭干净。
马提亚斯，五岁，拒绝把他的玩具从客厅地板上收走。	玩具被收进一个箱子里而且至少没收一个星期。
莎宾娜，六岁，开始哭泣，因为跟妈玩过家家的时候怕自己输了。	妈妈结束游戏。
亚历山大，七岁，每天早上即使警告很多次还是拖拖拉拉。	他上学迟到。
莎拉，八岁，在跟姐姐抢娃娃的时候，扯断了娃娃的一只手臂。	莎拉必须用她的零用钱赔姐姐一个娃娃。

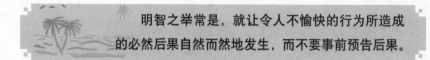

明智之举常是，就让令人不愉快的行为所造成的必然后果自然而然地发生，而不要事前预告后果。

想象一下，莎宾娜妈妈（见上页表格）在游戏开始时可能就已经说："有一点我们先讲清楚，如果你开始哭的话，我立刻停止不玩。"或者托马斯的爸爸可能在摆餐具时就已经对他儿子说："如果你今天再把牛奶打翻的话，你就得自己擦干净。"或者卡劳拉的妈妈可能预告说："如果你再什么都不吃的话，两餐之间你可是什么都没的吃！"你认为这会有帮助吗？

这些例子中父母直言不讳地说出他们不乐见的行为，而且是在它们根本还没有发生之前。这样做更是在促使它们发生。如果你真要说什么的话，请注意下列几点：

强调你所乐见的行为必然有哪些后果，而且请强调正面的。比方说听起来可能是："如果你安静下来的话，就可以自己挑选你要的发型。""如果你现在动作快一点的话，还可以准时到校。""如果玩游戏时你平心静气的话，我们就可以把整个游戏玩到最后。""如果你去上厕所的话，就整天都可以穿着干净清爽的衣服。"

暂停

能帮助设定合理的界限，最有效的方式就是暂停。这是从英文的"timeout"翻译过来的，是源自运动的概念：暂停即运动比赛进行时，比赛中断的时间，而根据比赛规则暂停的时间长短有精确的限制。参赛

? 怎样做最有效
以必然的后果取代多余的评语

多余的评语	必然的后果
莎宾娜妈妈骂道："你以为，如果你一直哭的话，跟你玩会儿很有趣吗？"	莎宾娜妈妈在莎宾娜开始哭的时候，不发一语地结束掉游戏。
劳拉妈妈说："怎么可能，你又尿湿裤子了！为什么要这样？"	当裤子尿湿时，劳拉妈妈只说："你知道干净的衣服在哪里。"然后就不再说话。
托马斯爸爸说："拜托你小心一点嘛！为什么总是这么笨手笨脚的！"	托马斯必须把他打翻的牛奶擦干净。他爸爸沉默地看着。

队伍可以在暂停时恢复气力或重新调整战术。

把暂停用在教育上就是暂停不当的行为。如此一来它也是一种合逻辑的后果。父母向孩子发出"我不允许这种行为"的信号，父母和孩子之间的接触会暂时受限或者中断。方式可能有三种：

*妈妈或爸爸陪孩子留在同一个房间里。

*妈妈或爸爸离开房间并让孩子单独留在那里。

*孩子被带到另一个房间并暂时单独留在那里。

当不可能"说清楚讲明白"，或者这样做没有用时，当其他必然的后果派不上用场或者必须立刻采取行动时，就选择暂停这个方法吧。我已经举出三种暂停的可能方式。下面要谈何时采用哪一种是恰当的。

? 怎样做最有效
让必然的后果完全发挥效果

当言语无效时，必须采取行动。给孩子一个吃一堑长一智的机会。专断的处罚除了会造成敌意外，别无效果。你知道：后果必须清楚和公平，而且是孩子能够体会的，这样孩子才能从中学到教训。让你的行动替你说话，你自己最好保持沉默。此外应该再注意三件非常重要的事：

立刻！

必然的后果必须立刻出现，不能等到明天、后天或下星期才出现。孩子越小，这一点越重要。

每次！

这一次坚持，下一次让步——这只会鼓动孩子与你抗争。每当不当行为出现后，每次都必须有必然的后果接着出现。"每次"意味着："今天是，明天也是。"

不过"每次"也意味着："妈妈是，爸爸也是。"规矩必须是父母双方都一致要求，后果必须两人以相同的方式化为实际的行动，否则孩子会尝试在父母之间挑拨离间。

适当！

合理的后果不只应该合乎逻辑，也要适当：不要太重也不要太轻。孩子因为晚了十分钟到家，所以宣布下两个星期禁止到外面玩，这样可能太过严厉，反而更像处罚而不是必然的后果。孩子因为拒绝收拾玩具，所以没收玩具五分钟，这样又太轻描淡写，无法给孩子留下深刻的印象。

对小宝宝和幼儿：在同一个房间里实施暂停

对两岁以下的小宝宝和幼儿来说，即使暂停的时间很短，也可能导致他们出现分离焦虑。因此陪孩子留在房间，或者至少待在孩子的视线之内是比较好的做法。有分离焦虑的孩子，建议你到孩子满三岁为止，都使用这种暂停方式。比方说可以把孩子带到房间的另一个角落，放在学爬的褥垫上；可以放在高脚椅上或者放进围栏里；如果孩子已经大一点的话，可以放在栅门的另一边。

这类暂停在什么时候对幼儿是合理又必要的呢？

* **当他伤害别人时。**打、咬、踢、扯头发——这些"攻击性"行为恰恰是经常发生在三岁以下的小孩身上。这跟"恶意"无关，只是这年纪的小孩还根本无法设身处地为别人着想。他们还不懂这样做会弄痛别人。尽管如此，他们还是该尽早学习到，这种行为是不被接受的。如果你对孩子回手或回咬，好让他明白那有多痛，那么你就不是个好榜样。暂停一下是最有效的。

* **当他弄坏东西或乱丢东西时。**小孩子还不会估计东西的价值。他还不懂，东西可以很容易坏掉，但却不是那么容易修好的，或者根本就修不好。尽管如此，他还是已经可以学到，你是不允许这种行为的。最好的做法就是把东西直接从孩子手里拿走。如果他继续拿其他东西的话，暂停一下最好。

* **当他固执地紧抓不放和哭闹时。**很多小宝宝和幼儿只要一哭闹，总是可以立刻实现他们的愿望。这些父母通常是一片好意，他们希望孩子高兴，而且是一直都高兴。可惜这方法没用，相反的，这类

小孩经常特别不知足。他们很喜欢尖叫哭闹，因为他们得到错误的信息：尖叫哭闹可以带来关爱。他们对自己的能力和喜好毫无正确的认知，所以无法好好自己一个人玩，更不会发现父母其实也有他们的需求。和爸爸或妈妈待在同一个房间里暂停一下可能是个办法：一来孩子不会觉得是被处罚，只是待在一旁，二来孩子并没有实现他的愿望，而且必须自己想点事来做。这个建议如何转换成实际做法，可从下列例子看出来。

克丽丝提娜（八个月大）还完全接受哺乳。这阵子她长了两颗小牙。有一天她在喝母奶时，突然用她尖锐的小牙齿用力一咬，害得妈妈痛得大叫。

需要给克丽丝提娜一个教训，好让她能学会"喝母奶时，我必须谨慎使用我的小牙齿"这个规矩。

她妈妈使用了一次暂停：她一边说"你咬得我好痛！"一边立刻将女儿从胸前抱开，把她放在学爬的褥垫上。她待在女儿身边几分钟，但并不陪她玩，虽然女儿在垫子上哭。稍后妈妈才抱起她，看着她说："现在我们再试一次。可是要很小心！"这次克丽丝提娜温柔又谨慎地喝奶。

如果克丽斯提娜再咬一次的话，她妈妈会立刻再把她放回垫子上，而且一段时间都不去注意她。她会再等上一到两分钟，才再让女儿重新喝奶。

保罗（八个月大）的故事在第一章已经提过。保罗的父母很沮丧，因为他们的儿子非常不知足而且白天都要哭闹好几个小时，虽然妈妈不停地陪他玩。保罗每隔几分钟就需要另外一个吸引他的东西，好让他暂时得到满足。

我很快和家长达成共识，保罗必须学习一条新的规矩："每天同一个时间，我必须自己玩一会儿。妈妈在这段时间有别的事要做。"不过保罗该如何学会这条规矩呢？他还不到一岁，他妈妈还不能直接把他带进他房间，告诉他说："你现在自己玩。"保罗还太小，不能这样做。

通常在大家一起吃完早餐之后，保罗的心情最好。他妈妈决定，在这段时间内去洗碗和整理厨房。她把保罗放在地板上，给他几样厨房里的东西（例如打蛋器和木汤匙）玩耍，走到他身边蹲下来，看着他说："我现在必须整理厨房。"她下定决心，接下来十分钟内最重要的是做家务。保罗可以待在她附近，但不是她注意的焦点。

一如预期，保罗在一分钟后就把打蛋器扔到角落，大声哭喊地拉着妈妈的腿站起来，要妈妈抱他。他很习惯于总是立刻实现他的愿望。可是这回却发生了一些保罗料想不到的事情：妈妈给了他一次暂停。她又把他放到一段距离之外的地板上，还说："我现在必须整理厨房。"保罗气炸了，他提高音量哭喊而且立刻爬回妈妈脚下。妈妈又像第一次那样：她抱起他，把他放在离自己一段距离之外的地板上，并且说："我现在必须整理厨房，宝贝。（这是"坏掉的唱片"的方法。）整理完后我就可以再陪你玩。"这情形又重复了一次。

到下一次时，保罗妈妈决定（就像之前讲过的）继续下一步骤：她把保罗放进围栏里。他从那里可以看见妈妈，但这并没有阻止他继续哭闹地爬上栅栏。妈妈不受干扰地继续做家务，虽然保罗的哭喊声已经让她的胃纠结在一起。每隔两三分钟她就转过身对保罗说："我现在必须先整理厨房，然后才可以陪你玩。"当十分钟一到，她重新将注意力完全放在保罗一个人身上。她松了一口气，也很骄傲自己坚持到底，即使刚开始做不了很多家务。

接下来几天保罗妈妈都照这个方法去做。每次她都计划好这段时间内要做的事——整理、看报、自己吃完早餐。她渐渐把时间从十分钟延长为三十分钟。才第三天保罗就已经在暂停的时间内自动停止哭泣，他坐在围栏内玩耍——这幅景象对妈妈来说，还真是不习惯。

不久后她觉得不需要每一次都把保罗放进围栏里。只有当他紧紧黏着她，让她无法移动时，才这么做。保罗渐渐学习到，在这段时间里他不是妈妈注意的焦点，而且哭闹也无济于事。他越来越常以玩耍来代替哭闹。妈妈注意到，这个改变对他们两人都有好处，所以她在下午又安排了半小时，完全照着这么做。

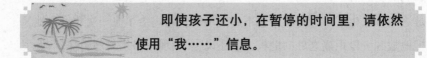

即使孩子还小，在暂停的时间里，请依然使用"我……"信息。

"我现在必须整理"，"我现在想把早餐吃完"，"我得打个电话"，说这些话永远不嫌早。这样孩子会知道你的需求，而你也能避免自己因为无法控制情绪而责骂孩子。

你还记得那个幼儿园里的"捣乱分子"派迪克吗？这个两岁的小男生会咬、打别的小孩，会抢走他们的玩具拿去乱扔。他的妈妈差不多每次都吓唬他说："如果你再这样的话，我们就回家。"不过她从来没有真的做到。

派迪克的妈妈该怎么做才能更有效呢？当派迪克弄痛别的小孩或拿东西乱丢时，她要"说清楚讲明白"。蹲下来，看着他，抓住他的小手说：

"停！现在立刻停止这样做！"把他带到房间的另一个角落去，将注意力从他身上移开，反过来去安慰他的"受害者"。当派迪克在同一个小时内再度动手打人或咬人时，她要立刻采取行动。

派迪克虽然已经两岁了，但是还不能把他单独一个人推到门外去，妈妈得陪他一起离开这个房间。在暂停的时间内妈妈陪在他身边，但不特别关心他。当派迪克哭闹时，她只说："等你冷静下来，我们就可以再进去。"这么说是强调了她正面的想法，但如果派迪克不停止哭闹的话，她就带他回家。

在暂停时，其他孩子以及许多吸引人的玩具都与派迪克分隔开来。如果他能冷静下来，就有机会重新加入团体。只要他乖乖地玩上一段时间，妈妈就坐到他身边，称赞他并关心他。她会注意他好的一面。万一派迪克第三次弄痛别的孩子，她便立刻带他回家。

最后机会："安静椅"

"安静椅"这种暂停可以用在两岁以上的孩子的身上。父母和孩子待在同一房间里，"安静椅"是他避免被驱逐出房间的最后机会。他必须中断他正在做的事，然后短时间安静地坐在妈妈或爸爸旁边的一把椅子上。举个例子来说明"安静椅"的进行方式。

托马斯（四岁）在每次家里有访客时，都会玩得特别起劲。他总是抢走玩伴手里的玩具，即使他正在玩别的东西。但是托马斯家里的规矩是，不准抢走其他小孩的玩具。

于是托马斯妈妈针对他这个行为开始实施"安静椅"。当又有小朋友来访时，她便提醒儿子这条规矩。尽管如此，托马斯还是在五分钟后就抢走他朋友手里的一台玩具挖土机。于是他妈妈说："托马斯，你知道规矩。你抢走朋友手里的挖土机，你知道这是不对的。当他来我们家做客时，他就可以玩你的玩具。所以你现在必须坐一下'安静椅'。"

这时托马斯必须坐在妈妈旁边的一把椅子上，安静地坐在那里两到三分钟。妈妈在这段时间不特别注意他。如果他能安静地坐在那里，便会得到称赞并且准许他立刻继续玩。如果他做不到的话，就要再暂停一次：妈妈会把他带到另一个房间待上一小段时间。

所以托马斯可以选择："如果我接受'安静椅'而且真的安静地坐着，就可以留在这里继续玩。如果做不到，就得去另一个房间。"

每当托马斯违反有关"与人相处"的规范时，必然的后果就是坐"安静椅"。

"安静椅"帮很多孩子记起家里的规矩。他们宁可留在原地，而不要冒着被带到另一个房间去暂停的风险。所以"安静椅"是个温和但还算有效的方法。重点是，当孩子一违反规矩时，就要立刻使用"安静椅"。

这种暂停的时间长度一向很短：介于一分钟到五分钟之间，可以定一个闹钟或厨房定时器！规则是：孩子越小，暂停的时间越短。

"给父母的暂停"：爸爸或妈妈离开房间

这一种暂停适用于两岁以上的孩子。例如当孩子哭闹很久、乱发脾气或责骂你的时候，建议你使用这一种。离开发生事情的地方，不要让自己卷入争取注意的反抗中。举几个例子：

你两岁的孩子一定要吃巧克力，但是没吃到，于是他赖在地上生气、跺脚和哭闹。你离开房间，直到孩子冷静下来再进去。

如果孩子闹别扭的时间很长，你可以每隔几分钟过去孩子那里，向他提出和好的建议："我能帮你吗？一切都没问题吗？"如果他尖叫地拒绝你，就再离开房间。重复几次，直到孩子愿意和好为止。

你试着帮八岁的女儿做作业，她却不接受你的协助，反而开始骂你："跟老师的解释完全不一样，你什么都不懂，你就是个'蠢妈妈'。"

请你马上离开房间。最好是不发一语，无论如何别说出伤人的话。如果你很难保持沉默的话，也可以强调你正面的想法："等你重新客气地跟我讲话时，我很乐意再来帮你。"

你两个孩子（七岁和九岁）已经吵架吵了一整个下午，每隔几分钟就出现吵闹声，接着你就必须出面干涉和调解。你发现内心里的怒气逐渐升高，有种感觉是："如果我现在不大吼几声，我会爆炸！"

你可以做些更有效的事来取代咆哮和失控：给自己一次暂停。如果孩子已经够大，可以自己留在家里几分钟的话，你可以离开家，到附近走一圈。

或许也可以在家里为自己安排一个撤退点。教育专家建议使用"浴室法"：妈妈或爸爸离开争论发生之地，短时间撤退到浴室里（或许带份报纸进去），直到能再度控制自己为止。

此外还有一种例外情形，从宝宝六个月起，应该学习单独在他床上入睡，并且一觉到天亮，这时，你可以开始使用另一种暂停的方式。在我们所著的《每个孩子都能好好睡觉》一书中有说明该如何做，也有谈到睡眠障碍如何发生，可以如何应对，好让孩子从一开始便养成良好的睡眠习惯。

关于这一点，这里只稍作叙述：别让你的孩子带着如奶瓶或奶嘴这类帮助入睡的东西上床。父母在道过"晚安"后便离开房间。当宝宝哭泣时，稍等一下再进去，安慰他和抚摸他，让他知道一切都很正常，但不会给他想要的（给他奶瓶、抱起来走动……）。即使宝宝还在哭闹，还是离开房间。

这样重复几次，直到宝宝入睡为止。只有当他不靠你的协助能单独入睡时，他才有办法一觉到天亮。这种暂停是非常有效的：大部分的宝宝用这个方法不消几天就学会乖乖入睡并且一觉到天亮。

对两岁以上的小孩：在另一个房间实施暂停

在孩子违反某些家庭规矩时，适合用另一种暂停：不是父母离开房间，而是孩子暂时被带到另一个房间。必要时，房门可以关上（不是锁上！）。如此便设定出一道特别清楚又有力的界限。条件是，孩子至少要满两岁而且没有分离焦虑。

出现哪些不当行为时，适合用这种暂停呢？那就是当父母非常确定，孩子的行为是他们绝对不能接受之时。这里谈的不是普通的事。举几个例子：

＊孩子咬、踢或打你或别人。

＊吃饭时故意把盘子扔到地上。

＊肆意拿东西砸人。

＊大家一块儿坐着用餐时，他闹别扭。

＊辱骂你，用粗话污辱你。

＊当你在打重要的电话时，他大声喧闹。

＊即便多次要求，还是不让你安静地处理完一件重要的事。

*跟他说清楚讲明白后，他挑衅且继续"测试"你的底线。

进行方式：

*先想清楚孩子违反了哪一条规矩，使你决定对他采取暂停。

*如果孩子还不知道暂停这个方法的话，要让他有所准备。清楚地告诉他，如果他不遵守某些规矩，会发生什么后果。

*每当孩子违反规矩而且行为不当时，都要使用暂停。

*选定一个暂停房间。如果孩子不愿去，就把他带过去。

*想办法让孩子无法擅自中断暂停。把门关上（但不要锁上！）。必要时紧抓房门。若孩子有分离焦虑，也可以用栅栏取代，让门敞开着。

*暂停只要几分钟就可以。请利用闹钟或厨房定时器！基本原则是：一岁的一分钟就够（两岁的两分钟，三岁的三分钟，以此类推）。

*如果孩子在暂停的时间过了以后，还在嘶吼或大声哭泣的话，就进房里问他要不要和好。和气地问孩子：是否一切都没问题，还是要你把门再关上一次。若孩子继续哭闹，就把暂停的时间延长。让孩子去选择。

*当之前规定的暂停时间结束时，只要孩子安静下来，暂停就应该结束。必要时，可以重复暂停。举个平常的例子：

第一章已经谈过的奥力佛（两岁）。他妈妈真的觉得他"很坏"。他会打她、咬她、踢她，此外奥力佛闹脾气和哭闹都持续很久。

碰到奥力佛闹别扭和哭闹时，他妈妈通常都会使用上一段描述的暂停：她会离开房间，留下他一个人。不过当她必须留在那个房间处理事情，或者奥力佛开始打、踢或咬她时，她决定使用这一种：她把他带到他自己的房间里，然后出来把门关上并且待在门外。

奥力佛虽然已经会自己开门，但他并没有这么做。他坐在房里咆哮。两分钟后，妈妈进去房里，问他要不要和好："好点儿了吗？你想和我言归于好吗？"奥力佛继续咆哮。于是妈妈又出去，在身后把门关上。两分钟后她再度进去，重新提出和好的建议。这次奥力佛呜咽地朝她伸出小手。他停止哭泣，妈妈准许他待在身边，立刻原谅和遗忘一切。

不过奥力佛的"理解力"在第一天还是很有限：不久后他一再重复各种不当行为。他一共被带进房里暂停十二次，每次都哭得很惨，但是都很短暂。妈妈每隔两分钟进去看他，问他是否一切都没问题，直到他靠自己的力量平静下来为止。

第二天奥力佛又被带到房里五次，第三天三次。慢慢地，只要提醒他就可以了。妈妈很高兴，在面对自己儿子时，不再那么无助而且任他摆布。一星期后她说："我现在有个完全不一样的孩子。他突然学会乖乖地玩耍，自己玩的时候可以，跟我玩的时候也可以。"

孩子离开房间的话，怎么办？

奥力佛在暂停时自愿留在房里，接受房门关上的事实。然而绝对不是所有的孩子都如此，有些孩子会立刻跑出来。碰到这种情况你要有所准备：唯一的做法就是，把你宣布的暂停贯彻执行到底。你必须阻止孩子找借口离开房间而根本不理会你正在实施暂停。特殊情况下可能必须把门抵住或抓紧门把，但不要把孩子锁在里面！因为那是带有敌意的反应。

你一定觉得这样做很严厉，当你站在门边，紧抓着门把的同时，孩子在房里怒吼和哭闹，而且可能还用力踢门。但你要想到，几分钟后你就会再打开门，建议孩子："如果你要和好，那么就可以来我这里。或者你想继续哭闹，那么我就得再把门关上。由你来决定。"也有充分的理由，让孩子知道下一次得乖一点，才不会又被关在一扇门后面。

> 给孩子选择的机会。这样一来他就有充分的理由，迅速停止哭闹。

除了暂停，还有另一种做法吗？假设孩子可能任意从房间离开，而你必须追在他后面，再"逮住"他，该怎么办？孩子怎么会有理由停止做出不当的行为？我想没有。他一定觉得自己发现了一个既好玩又可以自己决定游戏规则的游戏。

当我们说一不二地把孩子跟我们分开，在我们之间关上一道门，甚至可能必须把门紧紧抓住时，就算达到了目的，我们仍然感觉不好。我们很明白孩子在这一刻对我们的态度不会很好，甚至可能大吼大叫地说出"妈妈，你太过分了！"或是"我恨你！"这类的话。让自己被自己孩子讨厌是需要勇气与自信的。

你并不想惹孩子生气或处罚他，只是让他明白："我无法允许这种行为。你对我太重要了。我必须给你设定一道界限，好让你改变你的行为。"用暂停的方式，表示你重视且尊重孩子的人格。因此你和孩子都要理解暂停的意义，才不会导致你们之间的关系因此而变得恶劣。

不是所有的小孩都尝试破门而出，很多都安然地接受被关在房间里暂停。妈妈常发现之前完全不受约束的孩子,几分钟后平静地在自己房里玩耍。有些家长就会想:"暂停似乎对孩子不痛不痒,所以没有用。"其实这是个错觉:我们借暂停打断了孩子的不当行为。如果他在这段时间决定改弦易辙,平静地玩耍的话,那是个很好的选择。你可以庆幸孩子终于决定这么做。

如果孩子很早就认识到暂停是怎么一回事的话,他们的行为有时会像我女儿安德莉雅那样:当她不喜欢我跟她说清楚讲明白时,就会在她房里气得跺脚而且用力把门甩上。她会自己暂停。这时候最好不要管她,直到她心情好转,走出房门为止。

将"暂停"的方式整理如下:

* 暂停是中断孩子某个不被接受和不当的行为。在一段短暂且清楚限定的时间内限制自己与孩子接触,或者这段时间内完全不与孩子接触。

* 在同一个房间里的暂停适用于两岁以下的孩子。有分离焦虑的孩子,或者在家庭之外的场所使用暂停时,你要留在孩子身边,但只稍微注意孩子,直到他肯再度合作为止。使用"安静椅"时,孩子必须暂时坐在父母旁边的一把椅子上。

* 父母自己暂停时,请你自己离开房间,留下孩子独处。从孩子两岁起,例如孩子闹别扭时,这种暂停很有帮助。

* 在另一个房间里的暂停适用于两岁以上的孩子。把孩子带到另一个房间并将门关上几分钟。每隔一会儿就把门打开,问孩子要不要和好。当他平静下来时,暂停就结束。

有关暂停的问与答

这里将家长针对暂停这个方法经常提出的问题做出回答。

哪个房间最适合？

这要视你家里的格局而定。重点是，孩子与你之间要能关上一扇门或一道栅栏。家长经常选择孩子的房间，但这么一来，之前必须先将贵重的或特别有吸引力的物品移开。在实施暂停的房间里不可以有电视或电视游戏机！如果兄弟姐妹共享一个房间的话，就不要拿这个房间来当暂停房间。

主卧室，个别情况下甚至浴室或前厅也很适合。暂停房间所提供的"娱乐"越少越好。

有哪些其他做法？如果孩子晚上应该上床睡觉，却不待在他房里，该怎么办？

与暂停类似的还有一种"开门关门法"也很有用，这在我们所著的《每个孩子都能好好睡觉》一书中有详尽的描述。孩子通过这个方法学会待在自己的房里睡觉，而不会老是爬起来，跑到父母的床上来。孩子应该学会的规矩是："如果我留在自己床上，我的房门就是开着的。可是如果我爬起来，在房里乱跑，房门就会被暂时关上，必要时还会被紧紧抓住。爸爸妈妈每隔两三分钟就会进我房里察看。只有当我躺在床上时，他们才会让门敞开。"

如果孩子拒绝暂停的话，怎么办？

当孩子不肯自愿暂停时，就把他带过去，必要时使用温和但肯定的肢体力量"敦促"他。给孩子选择。

暂停适用到几岁？

直到上小学都行。如果孩子接受"进你房间"这个要求而且待在房里的话，这个方法是没有年龄上限的。从孩子八九岁起就不该再把门紧紧抓住。"动手"把孩子带进房间也总有一天不再管用。当大一点的孩子受不了暂停时，就必须采用另一种合理的做法。对此后文有几点建议。

如果孩子在暂停结束前离开房间，怎么办？

把孩子带回去并重新设定闹钟：重新开始计时。万一孩子第二次跑出来的话，必须加以阻止，请你站在门边，抓紧门把，直到暂停结束为止。

如果孩子气愤地"大闹"、踢门而且还辱骂你，怎么办？

不怎么办！怒气必须发泄出来。别让自己被孩子的情绪所左右。等孩子发泄完为止。每隔几分钟就向孩子提出和好建议。当孩子恢复"正常"时，你高兴的表情要让孩子看到。

如果孩子"破坏"房间，怎么办？

等到孩子平静下来为止。当暂停结束时，让孩子选择："可惜现在所有东西都必须再整理干净。你要现在做呢，还是我把它们全都清到一个大箱子里去？可是要一星期后才可以还给你。由你决定。"

孩子厌恶用来暂停的房间？

如果你使用这里所描述的暂停法，以公平和尊重的态度对待孩子的话，就不会有这种事。如果你气愤得失控，对着孩子大吼大叫而且敌视他的话，情况就略有不同。你这样是在处罚孩子。可暂停并不是一种处罚，而是一种公平和必然的后果。

如何在外面使用暂停？

若在朋友家，可以带着孩子待在浴室里几分钟，直到他再次合作为止。若在餐厅，可以和孩子一起到洗手间去，在这个不怎么有趣的地方待上几分钟，直到孩子愿意回到餐桌为止。另一种可能的做法是，带着孩子到餐厅门口，陪他一起坐在门口的凳子上。如果没有凳子或安静的地方，也很适合带到你的车上：陪孩子一起坐进车里，看看杂志，等上几分钟。当孩子在超市里"行为异常"时，也可以带到门口或车里暂停。这段时间就把购物推车放在收银台旁边。重点是，在这段"在外的"暂停时间里，不要跟孩子讲话。不要骂他，不要讨论，保持沉默，等到宣布暂停的那几分钟结束为止。然后再问孩子，是否准备好再回去超市。因为暂停对孩子来说非常无聊，所以他很好决定。

激励

"先苦后甜"——这句话也许你小时候就听过。虽然你不用着急给你的孩子灌输这句谚语，但这后面隐藏着一种很有效的教养方法，特别适合在孩子上幼儿园的年龄开始使用。

孩子会对你提出很多愿望和要求。他想玩、想看电视、与人相约、要你送他到朋友家或去参加活动等等。立刻实现孩子的每个愿望并不是个好主意，这样他学习不到顾及他人的需求，或完成他不喜欢的义务。比较好的做法是，提醒孩子记得他的义务和家里的规矩。只要他完成他的工作，他的愿望就会实现。这类激励也属于合理的后果，但这不会让孩子不高兴，他反而会觉得很值得追求。

不过当孩子说出愿望时，很多家长却反而告诉孩子一些让他们听了会不愉快的后果。请根据下面的表格来决定哪一种比较有效。

当你激励孩子并提醒他规矩时，孩子会听出来："妈妈相信我做得到。"如果你提前宣布负面的后果，孩子听到的反而是："反正妈妈不相信我会遵守规矩。她总是想到最坏的一面。"这会使你们之间更可能发生争权。

有时候孩子并不会表达他们的愿望，他们只会说他们不要什么："我讨厌整理！""我没兴趣做作业！"这时候你也可以激励孩子，问问孩子想做什么："你想不想马上看米老鼠的节目呀？""你想不想马上出去玩？""你今天想不想约别人来玩？"如果你猜对了的话，就只需要再补上一句："你知道规矩是什么。你知道在那之前你必须先完成什么事。越早做完，对你越有好处。"

怎样做最有效
以激励取代不愉快的后果

孩子的愿望	告知不愉快的后果	激励
"我想看那个米老鼠的节目！"	"如果你不赶快整理完的话，就别想看电视！"	"好啊！只要所有玩具都收进箱子，你就可以打开电视。"
"妈妈，我要去外面踢足球！"	"如果你不做作业，就不可以出去。"	"好啊。等你写完作业，就可以出去玩。"
"我朋友今天要来我们家玩。"	"如果你不整理房间，我就打电话取消。"	"好啊。快去整理房间，你们才能在那里玩。"

这些激励常常会帮助孩子完成他不喜欢的工作，但是别期待他会立刻兴奋地投入他的工作。也许孩子还会骂上两句："这是勒索！"或者明显心情恶劣地完成他的工作。他有充分的权利这么做。等一会儿"玩乐"时，好心情自然会再度出现。

不过也有可能孩子并没有满足你的期待，任你再怎么激励，他还是不肯做他该做的事。那么缩短或删除"玩乐"就是绝对必然的后果，而非专断的处罚。

奖励

提醒孩子规矩和正面的后果是一种激励的方式，奖励也是，你的孩子有没有表现出他好的一面或努力遵守规矩？要时时睁大你的眼睛观察。如果有的话，他需要你的赞赏与鼓励。额外的奖励能强调你对他的赞赏。可以额外多留一点时间付出关心：例如多讲一个睡前故事或一起玩个游戏。也可以是个特别的电视节目，准许晚一点就寝，一份最喜欢的甜点，或是一个小礼物。

应该在之前就告诉孩子"如果你今天下午让我安静工作的话，就给你买个玩具小汽车"这种奖励吗？对这类物质奖励最好节制一点，否则孩子会认为："如果我……就可以得到……？"但是，共同的活动或抽出时间付出关心这样的奖励是绝对可以在之前就宣布的，并借此来激励孩子。

规矩-提问-行动

到目前为止，各位已经读到该如何和孩子讲话，好让他聆听。也已读到，光说不够时，哪些做法会有效，还有如何通过鼓励来激发孩子。不过有些孩子还是很固执地违抗所有规范。他们似乎有点儿像有位妈妈曾经形容的，"冥顽不灵"。我们很可能有一天会失去耐性，会变得不够坚定或者犯下某个父母最爱犯的错误。最后一步可能是放弃："也许对别的小孩有用，但对我的孩子没用。"

千万别这么容易放弃。在这一段你会学到一个非常有效的技巧，将所有目前谈过的整合为一体。借此能让孩子一起思考并自己承担责任。条件是孩子要口齿清晰，所以应该至少是三岁或四岁。

规矩

哪些规矩对你而言特别重要？孩子总是一再违反哪些规矩？孩子的

哪些行为对你们之间的关系或一天的生活进程有特别负面的影响？请列举出这些规矩。将它们写在纸上，或画个相关的象征图在海报上，并挂在明显可见之处。举个例子：

亨利（五岁）不想从幼儿园被接回来。当妈妈要带他走时，他会责骂妈妈而且开始哭。

亨利妈妈想借"规矩－提问－行动"的技巧来改变这种情形。她向亨利解释规矩："当我去接你时，你要乖乖地跟着来。"她还画了一幅画解释：妈妈和亨利笑嘻嘻地手牵手，这幅画被挂在厨房里。

下面几页有更多关于这类图画的范例。

用一张简单的图可以向孩子清楚说明他该学会的规矩。例如这个："当我去接你时，你要乖乖地跟着来。"

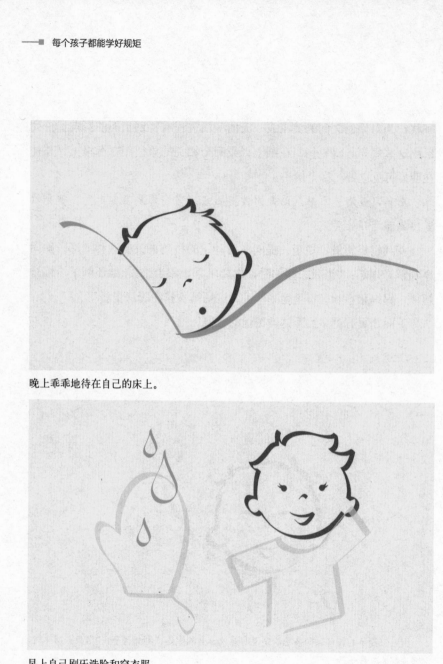

晚上乖乖地待在自己的床上。

早上自己刷牙洗脸和穿衣服。

好好地和兄弟姐妹相处。

讲话要客气。

请规定出，当孩子不遵守规矩时，会发生什么事："安静椅"或暂停是明智之举吗？向孩子解释你要采取的必然措施。

亨利妈妈和幼儿园老师协调好她要采取的措施：只要亨利在她来接时，开始哭闹或责骂妈妈的话，她就走回车上。亨利必须坐在教室的椅子上等，直到五分钟后妈妈再回来给他一次新的机会。亨利妈妈非常清楚地向她儿子解释她将采取这个做法。

提问

孩子必须很清楚规矩和后果。当他下一次违反规矩时，你就这么做：向孩子连续提出四个问题。第一个问题是提醒他注意，他违反了规矩：

＊"这里怎么了？"或"规矩是怎么说的？"

孩子很可能不回答或给个傲慢无礼的答案。那么请使用"坏掉的唱片"：紧咬不放，再问两次或三次——但不可以超过三次！孩子如果回答了，就继续下一个问题。

如果问了孩子三遍也不回答呢？那么你就自己回答，然后继续下一个问题。

＊"接下来会发生什么事？"或"我接下来必须做什么？"

要坚持一定要得到一个答案。请使用"坏掉的唱片"，问到三次为止。正在生气的孩子会陷在他的"我不要！"里面，他不会朝未来的方向思考，问这个问题是在帮助他想到后果，并往前思考。当孩子给出一个适当的答案时，再继续下一个问题。

若孩子不给答案的话，你就自己回答。告诉他接下来会发生什么后果。之后再问下一个问题：

* "给你选择：你要这件事发生吗？"或者"你要这样吗？"

再问孩子最多三次为止。如果孩子不回答或粗鲁无礼地回答，就必须立刻采取行动并且让已经宣布的后果发生。

大部分孩子都不想承担你宣布的后果。借这个问题可以提醒孩子，他有选择另一种解决之道的余地。如果他回答"不，我不要这样"的话，便是踏上正途。你可以向他提出下一个问题：

* "你现在还可以怎么做？"或"你现在可以怎么做来代替？"

如果孩子有答案的话，便自己找到了解决之道。这能让他更容易把自己的答案转换成实际的行动。如果孩子办到了，他就成功了——而你也是！让孩子看见你的欣喜之情！

行动

如果孩子不回答或者即使好好回答，仍然继续违反规矩的话，这时你必须采取行动并让你宣布的后果发生。

亨利（前面提过）刚开始无法回答前两个问题。大部分都是妈妈回答。直到"你想要我回到车上吗？"这个问题时，他才有反应："不要，妈妈，你应该留在这里！"

尽管如此，在头几天亨利妈妈还是必须走回车上，因为亨利无法停止哭泣。但是过了几天之后，最迟在她问最后一个问题时，他几乎都会平静下来。他会得到妈妈的赞美而且平静地和妈妈一起离开幼儿园。一星期后亨利第一次可以不哭就一起回家去。

我之所以那么喜欢这个技巧，是因为这个技巧也让孩子一同紧密地思考。不是所有孩子都会回答问题，但是至少所有孩子都必须跟着思考。

他们的思路绝对会被导向解决问题的方向。此外这个进行方式对孩子来说非常公平。如果父母最后还是得执行后果的话，大可放手去做，不必良心不安。

以行动取代语言的执行重点

不管你使用的是直截了当的必然后果、暂停或是规矩－提问－行动这项技巧，都请注意下列几点诀窍：

* 每当孩子违反规矩时都要说坚决地执行后果。只有这样他才能从中汲取教训。
* 请你言简意赅。保持沉默。
* 强调孩子的选择：他可以遵守规矩或必须承担后果。
* 坚持下去。不要收回已经说出口的后果。
* 当你决定执行的后果每次无效时，请选择另一种。
* 让孩子知道你是站在他那一边的。一旦孩子已经承受过后果，你就应该原谅和遗忘一切。

▎第三阶段：订约

有些家长很难把决心化为实际的行动。如果执行起来始终很不顺利的话，那么坐下来订一份计划可能会有帮助。不管是要和孩子共同协议出一份约定，或者身为父母的你自己规划出某种进行的方式，都要视孩子的年龄而定。

父母的自我控制计划

　　和小宝宝或幼儿当然还不能订立约定。你只能自己确定，应该改变什么，哪些事你想有另一种做法。请为自己回答下列问题，最好用笔写下来，正如三岁的赛巴斯提安的父母的做法。

　　＊哪些行为应该改变？

　　举例而言：赛巴斯提安一天会大哭大闹好几次。以他的年龄来说，这是不恰当的行为。这个行为必须改变。

　　＊这个令人不愉快的行为多久发生一次？

　　请先详细写下一周内孩子出现这令人不愉快的行为的频率是多少，每次持续多久，有多激烈。像这样："赛巴斯提安这星期每天闹二到五次别扭。每次持续十到三十分钟。"

　　＊选择哪种后果？

　　请记下从现在开始你会怎么做，只要孩子再做出那令人不愉快的行为。大致可以写成："如果讲道理没有用的话，就选择暂停：只要赛巴斯提安赖在地上哭闹的话，就一语不发地离开房间。每隔三分钟到他身边，问他现在是否要停止哭闹。如果他哭着跟在我后面跑出来的话，就把他带进他房里，并把门关上。站在门边看管他，好让他留在房里。每隔三分钟就走进房里，问他要不要和好，直到他冷静下来为止。"

　　＊选择哪些激励？

　　"当赛巴斯提安冷静下来时，就准许他回到我这里。接下来特别注意他的优点，赞美他并且鼓励他。可能的话，在平静一小段时间后，陪他一起玩个游戏。"

*如何控制成效？

继续写这份日志，才能清楚看出进步："一周前开始实施这份计划。从那以后赛巴斯提安有三天完全没有闹别扭，有两天只闹了一下子，在星期一和星期二分别激烈地持续闹了三十分钟。"

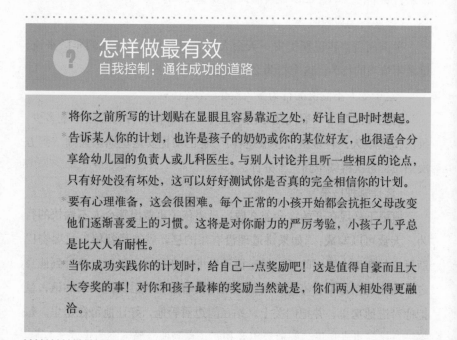

？ 怎样做最有效
自我控制：通往成功的道路

*将你之前所写的计划贴在显眼且容易靠近之处，好让自己时时想起。
*告诉某人你的计划，也许是孩子的奶奶或你的某位好友，也很适合分享给幼儿园的负责人或儿科医生。与别人讨论并且听一些相反的论点，只有好处没有坏处，这可以好好测试你是否真的完全相信你的计划。
*要有心理准备，这会很困难。每个正常的小孩开始都会抗拒父母改变他们逐渐喜爱上的习惯。这将是对你耐力的严厉考验，小孩子几乎总是比大人有耐性。
*当你成功实践你的计划时，给自己一点奖励吧！这是值得自豪而且大大夸奖的事！对你和孩子最棒的奖励当然就是，你们两人相处得更融洽。

亲子之间的约定

早的话，学龄前的孩子就可以主动参与，一同规划亲子间约定的内容。孩子本身的点子和建议越多，就越能遵守。如果孩子已经会写字，最好让他自己把协议好的内容写在纸上。最后父母和孩子都签名，保证会遵守约定。

从八岁莎拉的例子可以看出如何和孩子一起制订一份这样的约定。莎拉的问题是每天为了作业而和父母争执。但是，碰到其他问题时也可以照这样做。

这个令人不愉快的行为多久发生一次?

一如前面叙述过有关自我控制的计划一样，请先观察这个情况一个星期，并将相关的情形提纲挈领地记录成一本日志。

莎拉妈妈每天在莎拉作业写完后做这件事。她会记录：莎拉需要多久时间写作业? 妈妈必须帮忙几次? 发生争执的频率是多少? 争执有多激烈?

危机会议

找孩子一起坐下来，好好冷静地讨论一切。多留一点时间做这件事。在讨论时不容打扰，与此事无关的兄弟姐妹不需要参与。

莎拉妈妈挑选午饭后的时间。她对女儿说："在你开始写作业之前，我必须和你谈一些非常重要的事。来，坐在我旁边。有一件事情让我们俩每天都在生彼此的气。这一定要有所改变。"

问题何在?

先问孩子自己有没有什么主意。然后再告诉他,从你的观点来看问题是什么。莎拉和她妈妈之间的对话大致如下:

妈妈:"你知道我指的是什么吗?"

莎拉:"做作业时你老是在挑剔。你指的是这个吗?"

妈妈:"你正好看出真正的问题所在。对作业这件事情我真的必须有别的做法,而你也是。"

为什么有些事必须改变?

这问题要再度先问问孩子。注意别让他离题。然后再以简短易懂的方式说明你自己的理由。大约像这样:

妈妈:"莎拉,你认为,为什么我们两个人必须改变我们的行为?"

莎拉:"我不知道。"

妈妈:"我来解释给你听。目前你做作业时我都一直坐在你旁边。你经常问我一些问题,我也常帮你,然后我们就吵架。上星期我记了下来:你花了至少一个小时,甚至常常是两个小时才写完作业。之后我们两人都在生彼此的气。我不要这样。我要你独立完成你的作业,而且我要我们再也不为这件事情吵架。"

我们要有什么不一样的做法?

问孩子是否有改进的建议。规范出你们两人将来应该怎么做。

莎拉妈妈对女儿提出下列问题,并且与她一块儿找出适当的答案:

应该在哪里写作业？作业可以写多久？如何控制时间？莎拉自己可以做什么？哪些作业妈妈来帮她？莎拉可以犯几个错误？

我们选择哪些后果？

如果你们当中有一人不遵守约定的话，会怎么样？这里也要再问问孩子的点子。

如果时间到的话，会怎么样？如果莎拉有太多写错的话，会怎么样？如果莎拉开始骂人或乱吼的话，会怎么样？而如果妈妈开始骂人或乱吼的话，会怎么样？

我们选择哪些激励或奖励？

危机会议不是一个跟孩子议定奖励的好时机，可以延后一点，当情况已经有改善时，到时也可以不经讨论直接确定出奖励的内容。你也应该为自己选出一个奖励。孩子可以帮你选。

如果莎拉乖巧又不胡闹地做完作业的话，会怎么样？如果妈妈冷静又不骂人地遵守约定的话，会怎么样？如果一整个星期都很顺利的话，又怎么样？

我们如何记录？

请清楚写下你和孩子未来想要有些什么不一样的做法，以及你们选定哪些后果（和奖励）。如果孩子已经会写字，那么至少有一部分的约定内容让他自己写在纸上。莎拉和妈妈轮流写，因为内容很长，所以大部分由妈妈来写。第151页的栏框内可以看到莎拉和妈妈所订立的约定全文。

我们如何控制成果?

　　每天简短地将最重要的事情记录在周历、月历、日程表或自己设计的表格内。莎拉和妈妈在约定中协议好，以爱心贴纸（代表莎拉）和笑脸（代表妈妈）代表成功。下一页的栏框内可以看到她们订好约后的第一周内所记录下的内容。

　　这个星期还不错，只有星期四搞砸了：莎拉发牢骚，而妈妈走出房间。第二次时莎拉哭了，妈妈骂了人。作业在一小时内还未做完。不过整体而言很有进步。

　　当第三周的每一天都有一张爱心贴纸和一张笑脸时，莎拉和妈妈在周末一起在游泳池的游戏池里度过了一个美好的下午。

让约定成效卓著的要诀

　*与孩子共同议定这份约定，也要接受孩子的建议和点子。

　*你们两人都以签名保证会遵守约定。

　*把你们的约定挂在显眼处，例如厨房门上。

　*约定好的事情要持续进行好几周。有必要更改时再补填上去，然后两人都再签名一次。

　*如果你和孩子之间的相处有严重问题的话，应请求专业协助。可以先找你的儿科医生谈谈。必要的话，在那里也可得到其他咨询单位或儿童心理学家的地址。

? 怎样做最有效
订立约定的例子

* "莎拉在她房里做作业。时间为六十分钟。时间到就结束，作业簿会被收走。如果莎拉没做完的话，妈妈会在联络簿里告诉老师原因。"

* "莎拉能自己读和写。妈妈到另一个房间去，如果莎拉想问问题，就带着簿子来找妈妈。最后妈妈会检查并指出莎拉的错误。若出现六个以上的错误，莎拉就要重写。"

* "数学里的加法题和乘法题莎拉自己会做。碰上减法题和除法题及很难的题时，妈妈会坐下来帮助莎拉。"

* "如果莎拉开始骂人和乱吼，妈妈就立刻安静地离开。五分钟后再帮忙莎拉一次。"

* "如果莎拉乖乖地写完作业的话，就可以在周历表上贴上一张贴纸。"

* "如果妈妈保持冷静客气的话，她可以在周历表上画上一张笑脸。如果她大吼或者发牢骚的话，就必须画张哭脸。"

* "如果一整个星期都很顺利，我们俩就想想，我们可以一起做些什么美妙的事。"

（莎拉签名）　　　　　　　　　　（妈妈签名）

	星期一	星期二	星期三	星期四	星期五
做作业的时间	20分钟	40分钟	10分钟 （作业很少）	60分钟	45分钟
莎拉	♡	♡	♡	/	♡
妈妈	☺	☺	☺	☹	☺

奖励计划

孩子与你之间的约定不需要都以文字写下来，也可以口头约定。尤其当孩子年纪还小，或者孩子所该学会的规矩相当简要时（或者两者皆是）。

在这些情况下通过奖励计划来激励孩子便已足够。对年幼的孩子可以把奖励定得很简单，年龄大一点儿的孩子也很适合用稍微费时的"集点制"来奖励（见"在学校里集点"）。

给幼儿园儿童的简单规矩

每个奖励计划都必须先订好规矩。上幼儿园的孩子还不会读，但可以借助简单的图案提醒他们重要的规矩。举几个例子：

＊早上顺畅地梳洗和穿衣服。

＊吃饭时在位子上坐好。

＊和兄弟姐妹好好相处。

＊自己玩半小时。

＊晚上留在自己床上睡觉。

＊讲话要客气。

选出一两个或三个规矩。不要超过三个。我们在"规矩–提问–行动"一节已经画出五个规矩的图。你可以拿来复印，必要时还可以涂上颜色，或者针对每个规矩自制一幅图画。用这些图把规矩形象地表现给孩子看。

要和孩子就这些规矩再讨论一次，让他明白，如果不遵守的话，会有哪些必然的后果。

不必每次都把相关的规矩复述一遍，指一下图就够了。把它们挂在显眼之处！

如果孩子遵守规矩的话，会得到赞美，而且还会得到额外的奖励：他可以收集点数，然后拿来兑换一些小奖品。三岁以上小孩的简单奖励计划可以如下页这样制订。

三岁以上小孩的简单奖励计划

已经订好的规矩和已完成的相关图画（或引用书里的）可以和简单又制订良好的奖励计划结合在一起。请自由发挥你的创意，或者采用我们的建议：接下来两页有一只微笑毛毛虫和一条珍珠项链供你复印。每张图都有四组、每组各五个圆圈供你着色。这些圆圈是孩子可以收集的奖励点数。

让孩子从中挑选出一张图来。当孩子遵守了一条约定好的规矩时，就可以在他的奖励图上得到一点。若应同时注意三条规矩，那么一天就可以达到三点。每一点可以涂满一颗珍珠，或者在毛毛虫的圆圈内画上一张笑脸。

当孩子集到五点时，就可以得到第一个奖品。奖品可以是一起玩个游戏、额外再讲个睡前故事、晚一点儿就寝或是一个小礼物。

当毛毛虫或项链涂满时，就会有个大一点儿的奖品，这个可以在之前就和孩子约定好。这项奖品可以是一起从事某种活动或者是物质奖励。当然奖品应该要能吸引孩子。

最好的情况是孩子受到鼓舞并且热情地收集点数，使他接连不断地涂满毛毛虫或项链。如果一切顺利，就可以选出一条新的规矩来集点。孩子集点的兴趣或许在某个时候会减退。这是很正常的。这个时间点何时到来则因人而异，不是所有孩子都同样为奖励计划振奋不已。或许父母希望孩子遵守的规矩到那个时候早已成为他的习惯，所以根本不需要再特别遵守。万一旧的不当行为重新出现，那么休息一段时间之后，可以再把它列入奖励集点图里，或自己重新设计。

在学校里集点

很多小孩从一年级开始在遵守校规方面就碰到问题。有些孩子没办法乖乖坐在自己的位子上，有些孩子没有举手就直接发言，或者上课时不专心而且干扰同学上课，有些孩子几乎每天都和同学吵架或者做出攻击性的行为。

借由非常简单的奖励系统你可以持续了解孩子的行为，可以借此激励孩子在学校遵守规矩。几乎所有老师都愿意配合，因为并不费事。

请和老师谈谈，你的孩子在学校应该改善哪些行为。非常重要的一点是，用正面的语句来表达。举几个可能的例子：

*与别人好好相处。

*坐在位子上。

*照老师的话去做。

*顺畅地开始和完成作业。

*发言要举手，不要直接讲。

老师选出一到两个他认为对你的孩子特别重要的规矩，并且表示愿意每天注意孩子是否确实做到。当孩子遵守规矩时，老师这一天会在孩子的作业簿上画上一点。如果孩子没有遵守规矩，就得不到点数。这样一来你随时都知道情况并且能和孩子聊聊当天在学校里什么进行得很好，什么不好。而且可以和孩子讲好，当他收集到一定数目的笑脸时，可以得到什么样的奖励。举几个经过证明很有用的奖励：

＊1只微笑毛毛虫：可以玩十五分钟电脑

＊5只微笑毛毛虫：一起去游泳池游泳

＊10只微笑毛毛虫：一本漫画

＊20只微笑毛毛虫：一起去看电影

很多孩子可以连续数周和数月都深受这个简单的奖励计划激励。这个计划还有另一项优点：有时候家长在学期末收到孩子的令人失望的成绩单时，才知道孩子整个学期有过哪些问题行为，他们十分意外，心情有如从云端跌落到谷底，也非常后悔没有及早知道孩子在学校的情况。而通过老师每天的回应，可以让你免于收到这类令人诧异的消息。

小学生的奖励计划：在家里收集点数

在学校发挥功效的，在家里也很容易执行。你可以比老师观察得更清楚，所以你的计划规模要大一点。这里的建议适用于已经会阅读，但在遵守平常很普通的例行性规矩上有困难的孩子。

像这样的奖励计划能鼓励很多孩子想到更多的规矩，因为他们想要尽快收集到很多点数。你可以把计划略为改变，以完全配合你孩子的优点和缺点，尤其要把孩子在日常生活中一再造成问题的行为纳入计划。

另外这份计划也应包括一些孩子比较不成问题的而且是他比较容易收集到点数的项目。奖励计划不可以要求太高。只有当孩子不会很难收

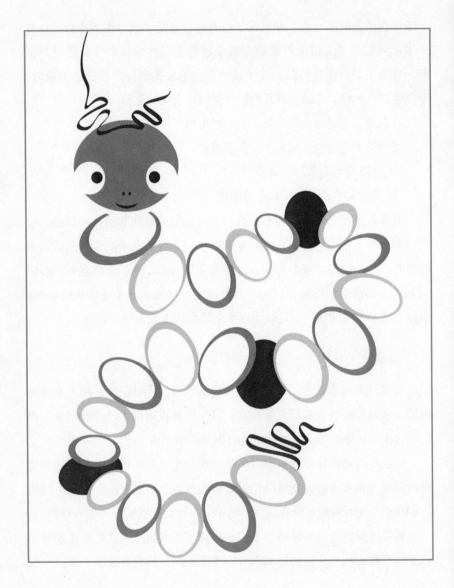

集到点数时，这个计划才有激励作用。

有做到的就打钩。三个钩就有一颗弹珠（纸卡或塑料筹码也行）。弹珠可以另外收集在一个容器里，可以保留或当天兑换。弹珠的价值可以和孩子一起商议。要白纸黑字写清楚。

举个例子：集到三颗弹珠可以看半个小时电视，或玩半个小时电脑，集到十颗弹珠可以换一个晚上晚半小时就寝。如果他收集到二十颗弹珠，你们就一起去吃汉堡或冰激凌。集到三十颗弹珠时，他可以为自己挑选一样小玩具。集到四十颗弹珠你就可以带他去室内游乐场。集到五十颗弹珠，他就可以找一个朋友来花园里露营。

这个计划每天都要始终如一地填写。你可以依据具体的情况做些更动。例如如果"有礼貌地讲话"特别重要的话，这件事可以每天分配达三点之多，或者也可以适度扩充写作业这件事的点数。

如果正面的激励无效的话，还有另一个可能性：孩子每天必须达到所规定的最低点数。万一办不到，他就必须放弃某些快乐的事，例如晚上玩电脑或看电视的时间，或者必须负责一样额外的家务：清理洗脸盆、扫厨房或做类似的家务。

你有许多发挥个人创意的空间。不过还是有少数孩子即使通过奖励计划也都很难受到激励，或者只有很短时间受到激励而已。

❓ 怎样做最有效
家里的奖励计划

	周一	周二	周三	周四	周五	周六	周日
上学前							
妈妈一叫就起床							
自己穿衣服							
准时坐在早餐桌边							
自动去刷牙							
及时出门							
有礼貌地讲话							
放学后							
夹克挂起来							
立刻开始做作业							
有礼貌地讲话							
睡觉前							
靠妈妈帮忙整理书包							
靠妈妈帮忙整理房间							
自动换衣服							
自动去洗澡和刷牙							
及时上床睡觉							
有礼貌地讲话							

为何不是每个孩子都行得通

我从门诊的经验中知道，很多家长使用订立约定和奖励计划都很成功，但也有些孩子，对他们实行起来非常辛苦。有些孩子会以很极端的方式反抗规矩，而且从"必然的后果"和"暂停"中学到教训的维持时间很短。他们的父母永远无法放心地让一切顺畅地进行，总是得一再地从零开始，得耗尽时间和力气来规范孩子。原因何在？

特殊问题

孩子从婴儿期起在合作意愿上就有差别，这一点在第一章就已经谈过。孩子有时会反抗规矩，因为他们害怕。分离焦虑、引起恐惧的幻想或是对某些情况惊慌失措，这些都需要父母多多体谅。要在害怕的孩子身上贯彻实践规矩是不会有成效的，即使规矩关系到孩子的身体需求，也要谨慎为之，若涉及睡觉、吃饭或身体清洁这些事情时，要特别谨慎地挑选规矩。给孩子太多压力会造成反效果。

意志坚强的孩子对父母是个特别的挑战。"由我决定！"是这些孩子的最高指导原则。他们不喜欢规矩，会全力反抗规矩："我才不要照你的话做！"他们会闹别扭或行事冲动来与你对立。有些孩子在当事情不如他们的意时，会大发脾气或做出攻击性的行为。有些孩子之所以不遵守规矩是因为任何一件小事都可能转移他们的注意力，使他们立刻忘记大人的要求。

每个孩子都有他的优点和缺点。如果孩子的问题非常明显，或好几个问题同时出现的话，很容易变成教育危机。在《每个孩子都能克服危机》这本教养指南里有更多关于如何处理这类特殊挑战的描述。

注意力不足症候群

有个主题最近经常被媒体讨论：注意力不足症候群。它会以两种不同的方式显现出来：有些孩子"只有"在控制其注意力上有问题。他们很容易转移注意力，很健忘而且时常不专心。这些孩子通常在学校才会引起注意，因为他们比较心不在焉而且不会"干扰"上课。

但是有些孩子经常还会有"过动"和"冲动"这两项特征：这些孩子极度的不安而且碰到任何一件小事都很容易出现激烈的反应，例如大发脾气或做出攻击性行为。很难说服他们去完成一些他们不感兴趣的事情。他们的自我控制运作得特别不好。

这些行为到了什么程度才算是问题呢？转成问题的界定点不是固定的。其实上述行为都是正常的，每个孩子多多少少都会有，尤其当孩子小的时候更是如此。这个年纪的孩子本来就会冲动、活动力很强、很容易转移注意力，而且有时候会做出一些行为来引人注意。不过要这样的孩子接受规矩也特别困难，他们的父母特别需要很大的耐力、贯彻力和持续力。孩子虽然学得比较慢，进步比较小，但他们特别需要有人引导并反复提醒他们守规矩。

只有当这些问题到孩子七岁时都还经常出现，而且发生时都很激烈，使得孩子跟同年龄的孩子相比显得极为特殊，而且在家和在校的发展也因此明显受到阻碍时，才去考虑原因可能是注意力不足症候群。患有此症的孩子比例低于5%。

注意力不足症候群不是教育错误所造成的后果，而是一种天生的神经生理学障碍，只有经验丰富的儿科医师或儿童心理学家才能诊断出来。很多病例是需要治疗的，治疗时家长也要接受训练，训练家长设定界限的能力也属于其中一个项目。关于这部分这一章已颇多叙述。患有注意力不足症候群的孩子带起来比较辛苦，但绝对同样重要。父母大概必须一再反复使用设定界限计划的所有三个阶段，才能达到成效。

重点整理

三个阶段实施计划,帮孩子学规矩。

····▶ 第一阶段:

跟孩子说清楚讲明白。下达清楚明确的指示,控制你的声调和身体语言,连续多次重复告诉孩子该做什么事("坏掉的唱片"法)。

····▶ 第二阶段:

说到做到。孩子最能从他的行为所造成的必然后果中学到教训。另外还可使用合乎孩子年龄的暂停法。

激励比宣布处罚更有效。特别有效的是"规矩－提问－行动"这项技巧。

····▶ 第三阶段:

如果你很难做到贯彻始终、说到做到的话,可以为自己设计一个自我控制的计划。如果孩子够大,可以和他一同商议一个改变行为的约定。奖励计划也会有效。

本章你将读到：

——▶ 若不想使用书里提供的行为规范方案，还有什么方法？

——▶ 如何发挥自己的创意，想出有创意的解决之道？

有创意的解决之道

○ ○ ○ ○ ○ ○ ○

你如果不想照搬书本的做法，那么自己的解决之道，只要有效，永远是最好的。

几星期前我告诉一位本身有三个小孩的朋友我在写这本书。她很惊讶地问："谈规矩的书？有这个需要吗？我都是随性而为。"谁不希望这样，只有在例外情况下才需要一份计划、一个约定或一本日志。大部分的时候，我们只要照着自己认为是对的去做，就会成功了。

这一章是献给所有想用有创意的和开放的态度来处理当下要求的人。有创意的解决之道，意味着去做一些意想不到的事，一些孩子也料想不到的事。他被搞糊涂了，而这样最好，跳出原有的圈圈，找出新的解决办法。

■严肃看待孩子的解决之道

有时候孩子比我们还聪明。如果我们好好聆听他们说话，可以从他们身上学习到宝贵的经验。

聪明的经验

四岁的马克清楚看穿了："当妈妈跟我讲话时，我不需要注意听。反正她什么也不会做。可是我的保姆是说真的！"（见第二章第二节"我们到底做错了什么"父母最常犯的错。）

　　当马克告诉我这句话时，他妈妈坐在一旁哑口无言。这小家伙竟然"看穿"了她，这使她陷入沉思。那成了她开始练习"说清楚讲明白"，并且以实际行动来证明她说到做到的最佳动力。不久后马克就清楚察觉到，妈妈什么时候是"说真的"。

　　八岁的丹妮的妈妈也有类似的经验。她经常说出"如果……那么就……"的要求，可是她宣布的后果多半都不会发生。

　　丹妮最后还是可以看电视、玩电脑、晚一点儿就寝，虽然在这之前她其实应该先完成她和妈妈约定好的义务。她总是一再地用借口、承诺和讨价还价来让妈妈让步。她们之间的关系紧绷，有时会升级变成激烈的口角。"为什么妈妈总是预先宣布所有可能发生的事？她这样做只是气我而已！她根本不在乎我是否真的去做！她说的话从来不会实现！"

　　这句话刺伤丹妮妈妈的心。"我女儿一点儿也不尊重我"，她很清楚这一点而且也知道这跟她自己没有贯彻始终有关。但是女儿的结论令她非常讶异，妈妈很怕这样做会让丹妮讨厌她："如果我贯彻到底的话，她就不再爱我了。"这时她发觉，女儿的感受完全不一样：丹妮觉得她的行为对妈妈而言完全无所谓，她觉得没有被认真对待，因为妈妈面对她的态度不够明确坚定。

　　丹妮妈妈当然不可能立刻完全改变自己，但现在在她宣布后果之前，会先稍微考虑这个后果她是否有办法贯彻执行到底。当丹妮激烈抗议时，妈妈就说："即使你不喜欢，我还是必须坚持要你遵守规矩。你的言行对我而言不是无所谓的，你对我是很重要的。所以我的做法不会改变。"

意想不到的关心

我从我儿子小克身上学到，用哪种方式可以在刹那间结束一场激烈的争端。

我女儿丽娜两岁那年，我儿子小克四岁。我自己带着两个孩子到海边一间度假公寓住上几天。傍晚时总是匆匆忙忙：我得煮饭，孩子既疲倦又在哭闹。

有一天傍晚，紧张的情况又发生了：小克招惹妹妹生气而且故意去捉弄她。我正在度假公寓设备不齐全的厨房里忙着做饭，无法以正确的方式处理，而只能训斥——这样做当然毫无效果。

就在这时候：我儿子从妹妹手里抢走她的抱枕，把它丢出房间。抱枕掉落在放满热水的洗碗槽里。妹妹大声哭闹。我怒不可遏地抓住我儿子，对着他大吼，问道："你为什么这样胡闹！"我不断地责备他，拿一些没有意义的后果威胁他。

我儿子做了一些令人完全意想不到的事：他看着我怒气冲冲的脸，抬起他的小手，用他的食指轻柔地抚摸我额头上发怒的皱纹。他很平静地叫了一声："妈妈。"我霎时觉得一切全不一样了。我的怒气消失了，我觉得我这样大发雷霆很可笑。我儿子打开了我的双眼，让情况再度恢复正常。

你可曾在你的孩子身上尝试过么做？可曾在他正好灰心丧气或气愤以及行为不当时，温柔地将他抱在怀里，摸摸他的额头并且慈爱地叫他的名字？当然，不会每次都要这么做，但是值得一试。

▌做点意料之外的事

想象一下，孩子有个坏习惯已经让你烦心很久，所有你想改掉这个坏习惯的努力都宣告失败，你正陷在孩子寻求注意的反抗里，而孩子似乎比较占上风，你一再地被挑衅。这时候可以逐条应用第三章里的所有建议，但也可以有完全不同的做法。

建议孩子去做他那件他正想拿来气你的事！如此一来，主控权便在你手上，而孩子发觉：挑衅不再有用。由你来决定游戏规则，而不是孩子。

谁能做得更好？

* 每天都为了孩子的吃饭习惯生气吗？以身作则也都无效吗？那么一星期中你就反守为攻个一次或几次并且提议说："今天中午我们来比赛大声喝汤。谁最大声，谁就赢。"

* 你大吃一惊，因为孩子拿最令人吃惊的脏话来辱骂你和别人吗？可以告诉他："你知道的词汇好多，真令我印象深刻。我不知道是否跟得上你？我们来比赛吧：用写的好了。看谁想得出最多A开头的脏话。预备，开始……"

* 孩子患上了多动症吗？安静坐着对他而言很困难吗？那么就和他玩个颤抖比赛。你就说："现在我们来看看，你能不能五分钟抖个不停。我来看表。"

* 偶尔会被孩子拳打脚踢吗？那么就不要把它当做攻击性的行为，

而是要孩子一起来玩个游戏。你就说："想跟我玩拳打脚踢吗？那好吧。你已经开始了；现在轮到我。好了，现在又轮到你了。"

*孩子玩输时会勃然大怒吗？玩游戏时偶尔让孩子赢当然不是坏事，但是输也属于生命的一部分，而输是要学习的。建议孩子说："下一次谁输就是赢。"或是由你提出一个比赛："谁输的时候最激动，谁就赢了。"或者正好相反："谁可以输得最平静，谁就赢了。"孩子会被搞糊涂，因为他已经弄不清楚到底什么是输，什么是赢。但这正是重点：他学到一起玩才是最重要的，而不是赢。

这些第一眼看起来也许有点奇怪的建议都有一些共同点：

*你让孩子感到意外。他发觉："旧的游戏规则突然失灵了。"

*你突然像玩游戏似的把孩子的乖张行为当做一种成就来赞赏，甚至还跟他比赛。如此一来，这样的行为在他眼里便有了新的意义，而且不再适合作为争取你注意的手段。

这种方式特别重要的一点是要带着游戏的心态去做。把这一招留起来，留给自己"心情不错"的时候用，否则很容易变质为辛辣的讽刺。

另辟新局面

当好几个小孩一起玩的时候，总是会不断发生肢体冲突。有的孩子被推、被打或被扯头发，接着会有一阵哭闹。如果你知道谁是"受害者"，谁是"凶手"的话，就这样做：简短地和后者谈一下，然后宣布暂停。如果暂停是在同一个房间进行，你就尽量少去注意"凶手"。将你所有的关注都转移给"受害者"：安慰他、抚摸他、轻轻地给他吹气，把他抱起来，拿玩具给他。

直到"受害者"完全平静下来，才准另外那个孩子再度一块儿玩。如此一来会有一段时间大家都不喜欢当"凶手"。不过你对"受害者"的关心也不要做得太过火。

类似情形也可能发生在幼儿园里。经常是那个"扰乱秩序的"小孩（他打人、不坐下来、大声吼叫）坐在老师怀里，或者准他挑选要玩什么游戏或读什么故事书，这样大家才有"安静"的时刻。颠倒过来怎么样？只要团体里有个孩子行为特别乖张，那么其他人就可以得到一些特别有趣的东西：一本新的故事书、玩过家家、很棒的手工。只要这个孩子不再做出乖张的行为，他当然可以参加。这个方式也很适合用在兄弟姐妹发生冲突时。

■创造帮手

以合作取代对抗可以让学习规矩变得容易一点。讨论解决之道，而非一再指出问题，是个不错的方法。孩子乐意接受谁的解决之道？也许父母的办法他们不怎么愿意接受。他们宁可接受想象中的人物、动物或布偶的。最好让孩子自己找出一个好的解决之道。

问问小布偶的建议

孩子很爱小布偶。它们可以是人或是动物。用简单的材料就可以自己制作：在一条旧抹布或旧袜子上缝上两颗扣子当做眼睛，这样就完成了！也可以把袜子或抹布剪开，缝上一个嘴巴或兽嘴。给布偶取个名字。不管孩子是伤心、没有遵守规矩或有人惹他生气，孩子会比较愿意跟布偶讲话，即使布偶配上你的声音。

让小布偶问问孩子到底怎么了，觉得什么事情很过分，为了什么事情高兴，下一次如何让一切更好。你的布偶可以很聪明或很笨，就看哪一种比较能逗孩子笑或者刺激孩子思考。这样对孩子而言就不是无聊的"冲突对话"！小布偶当然也很乐意回答孩子的问题。而且如果孩子喜欢的话，甚至可以将布偶拿在自己手中并且配上自己的声音。

讲故事

有位祖母最近给我看一个档案夹，里面全是她为三个孙女写的故事而且还配上可爱的插图。有仙女、小动物和公主出现在故事里，他们总是会碰到一个问题或一件困难的任务需要克服。而谁是英雄呢？在每个故事里都可以认出，那位英雄身上有着三个孙女当中的其中一位的身影。

所有故事的结局都是好的，最后都会找到解决办法。这个点子真是太棒了！再也没有比这个礼物更具有个人特色的了。

此外她的做法也很专业：心理学家也会利用故事来帮助孩子克服他们的问题。这些故事可以帮助孩子承认问题并且间接地接受解决办法。举个例子：四岁的拉斯还需要奶嘴才能入睡。他妈妈讲下面这个故事给他听。

? 怎样做最有效：讲故事（一）
李奥和奶嘴

从前有一头小公狮，名叫李奥。他既乖巧又可爱，最喜欢整天在外面玩耍。他的小妹妹，是头可爱的狮子宝宝，全家一起住在一个非常舒适的洞穴里。

晚上睡觉前狮子妈妈都会给李奥讲故事。猜猜看，李奥这时在做什么？他把一个很大的奶嘴塞进他的狮嘴里，然后吸着奶嘴。他看起来很奇怪。李奥已经长出又大又尖锐的狮牙！故事讲完时李奥想要道声"晚安"，可是嘴里含着奶嘴只说得出"嗡呜"。李奥将大奶嘴从嘴里拿出来，看着它。它已经被咬得破破烂烂而且味道闻起来不怎么好。

这时李奥对妈妈说："妈妈，我可以去一下洞穴前的小溪吗？"妈妈允许他去，还陪他一起去。李奥要做什么？他用他强壮的狮爪抓起奶嘴，使尽全力将它扔进溪里。他们目送奶嘴流走，直到它消失不见为止。李奥妈妈给了他一个大大的狮吻，然后再带他回床上。她送给他一个很柔软的小抱枕，上面有彩色的蝴蝶图案。过了一会儿，狮子李奥就抱着他的新抱枕，安静地睡着了。从此他每天晚上都依偎着他的抱枕，而且他非常以他锐利的狮牙为傲，他的舌头可以非常清楚地感觉到。

拉斯有两个星期每天都听这个故事。然后他妈妈送给他一个新抱枕，一如故事里的狮子妈妈。她建议拉斯，照狮子李奥的方法丢掉他的奶嘴。

拉斯的反应并不热烈，不过到了下午他把奶嘴丢进家门前的垃圾桶里。到了晚上他又为此难过，没有奶嘴他很难入睡。但是从第三天起，就没有问题了。妈妈原本以为要做得很过火才能改掉他的这个习惯。

如果你有女儿的话，这个故事当然应该讲成一头小母狮。讲故事时要挑孩子特别喜欢的动物！再举一个例子：

六岁的妮娜还接受妈妈的全套"服务"。她不会自己穿衣服，午餐经常让妈妈喂，不肯走路，而是坐在妈妈的肩膀上，也不肯自己玩。

只要事情不如妮娜的意，她就很爱哭闹，所以妮娜妈妈通常会很不耐烦地让步。她想要改变这一点。为此我们编撰了一个故事，要让妮娜好好想一想。

故事里的猫咪妈妈不相信她女儿会做任何事，米雅起来反抗并且自己找到解决之道。所以对妮娜来说米雅是个讨人喜欢的榜样，而且让她想到，偶尔也可以说说："这个我要自己做！"

当然不能保证这类故事真的"有用"，但是孩子都喜欢能认出自己身影的故事。她们经常会接受故事里提供的解决之道，即使有时候会慢一点才接受。

正面引导

你偏好的是有创意的解决之道抑或按部就班地去设定界限呢？你是最了解自己的孩子的人，而且喜爱孩子原来的样子。这让你成为最能干的专家，知道该如何与孩子相处。你会尽你一切所能而且经常做出正确之举。请想想身为父母的你有何优点：什么事让你引以为傲？什么事你绝对不会有别的做法？请你也要注意自己的优点。只有这样你才能给孩子正面的引导。

❓ 怎样做最有效：讲故事（二）
米雅妈妈全部包办

从前有只小猫咪，名叫米雅，她和爸爸妈妈一起住在一间舒适的公寓里。米雅已经上幼儿园了而且有很多朋友。她最喜欢爬树，还喜欢跟别的小猫咪一起玩捉迷藏。每天中午她妈妈都来接她回家。米雅妈妈说："啊，小米雅，你一定累了。来，我背你。"午餐有米雅最爱吃的小香肠。米雅正要用叉子叉住第一根香肠时，她妈妈说："啊，让我来，我来喂你。"吃完饭后米雅想去猫咪游戏场玩。但是米雅妈妈说："啊，不可以，不可以自己去游戏场！留在这里跟我玩吧。"晚上妈妈帮米雅脱衣服并且帮她洗澡，帮她穿上睡衣，又帮她刷她的猫咪牙齿。刚开始米雅觉得好棒，她自己什么都不必做。但是有一天她觉得很受不了！她已经不是小宝宝了！

第二天，她妈妈到幼儿园来接她时，米雅说："妈妈，我会自己走。我们来打赌，我比你快！"而米雅真的第一个到家门口。"米雅，等等我呀！"她妈妈已经喘不过气来了，但是米雅这时早已迅速爬上楼梯。"我也可以自己吃饭！"米雅喊道。她拿起刀叉，将她的小香肠切成小块，并用叉子叉起来送进嘴里。她妈妈大吃一惊。

隔天米雅去游戏场玩，她爬上猫咪树，一跃而下，让她妈妈只是坐在椅子上观看。当晚上她妈妈来到浴室时，米雅已经洗好澡，穿上睡衣并且刷好牙了。"天呀，米雅，"妈妈说，"想不到这些事你已经全都会自己做了。"米雅很得意地依偎在妈妈怀里，她们俩呜呜地比赛唱着歌，直到米雅漂亮的绿色猫眼睛闭上为止。

重点整理

‥‥▶ 严肃看待孩子的解决之道。

孩子令人惊讶的认知以及可用的解决建议值得被尊重与接受。

‥‥▶ 做点意想不到的事。

若以游戏的态度来接纳孩子的不当行为，甚至建议跟他比赛这个不当的行为的话，孩子可能会对此有一番新的看法。

如果你的孩子在一群孩子里行为特别奇特的话，你就和其他孩子一起做个特别有趣的活动。

发生肢体冲突时短暂地给"凶手"设定界限，并密集关心"受害者"。

‥‥▶ 创造帮手。

当你给小布偶配上自己的声音时，孩子会觉得解决问题很有趣。

让孩子认出自己身影的故事也会促使孩子找出自己的解决之道。

图书在版编目（CIP）数据

每个孩子都能学好规矩/（德）卡斯特–察恩著；陈素幸译．—北京：中信出版社，2010.7
书名原文：Jedes Kind Kann Regeln Lernen
ISBN 978–7–5086–2114–2

I. 每…　II. ①卡…　②陈…　III. 家庭教育　IV. G78

中国版本图书馆 CIP 数据核字（2010）第 090408 号

每个孩子都能学好规矩
MEIGE HAIZI DOUNENG XUEHAO GUIJU

著　　者：[德] 安妮特·卡斯特–察恩
译　　者：陈素幸
策划推广：中信出版社（China CITIC Press）
出版发行：中信出版集团股份有限公司（北京市朝阳区和平街十三区35号煤炭大厦　邮编 100013）
　　　　　（CITIC Publishing Group）
承 印 者：中国电影出版社印刷厂
开　　本：880mm×1230mm　1/32　　印　张：6　　字　数：108 千字
版　　次：2010 年 7 月第 1 版　　印　次：2010 年 7 月第 1 次印刷
京权图字：01–2009–7083
书　　号：ISBN 978–7–5086–2114–2 / G · 451
定　　价：25.00 元